Editora Vida
Rua Conde de Sarzedas, 246 — Liberdade
CEP 01512-070 — São Paulo, SP
Tel.: 0 xx 11 2618 7000
atendimento@editoravida.com.br
www.editoravida.com.br
@editora_vida /editoravida

Editora-chefe: Sarah Lucchini
Editora responsável: Eliane Viza
Revisão gramatical: Rosalice Gualberto
Assistente editorial: Larissa da Mata
Revisão de provas: Thaís Pereira Gomes
Coordenadora de design gráfico: Claudia Fatel Lino
Projeto gráfico: Marcelo Alves de Souza
e Philipe Santos
Diagramação: Marcelo Alves de Souza
Capa: Lira Lira

FEMININA: TUDO PODE SER LEVE

Todas as citações bíblicas e de terceiros foram adaptadas segundo o Acordo Ortográfico da Língua Portuguesa, assinado em 1990, em vigor desde janeiro de 2009.

■

As opiniões expressas nesta obra refletem o ponto de vista de seus autores e não são necessariamente equivalentes às da Editora Vida ou de sua equipe editorial.

Os nomes das pessoas citadas na obra foram alterados nos casos em que poderia surgir alguma situação embaraçosa.

Todos os grifos são do autor, exceto os indicados.

1. edição: mar. 2025
1ª reimp.: abr. 2025

Dados Internacionais de Catalogação na Publicação (CIP)
(Câmara Brasileira do Livro, SP, Brasil)

Rizzardi, Karine
Feminina : tudo pode ser leve / Karine Rizzardi. -- 1. ed. -- São Paulo : Editora Vida, 2025.

ISBN 978-65-5584-655-3
e-ISBN 978-65-5584-656-0

1. Deus (Cristianismo) - Adoração e amor 2. Espírito Santo 3. Espiritualidade - Cristianismo 4. Feminilidade I. Título.

25-252881 CDD-248.3

Índice para catálogo sistemático:

1. Deus : Adoração e amor : Cristianismo 248.3
Eliete Marques da Silva - Bibliotecária - CRB-8/9380

Gratidão

A Deus, que me inspirou em cada parte deste livro.
Às mulheres que compartilharam comigo seus
medos e vitórias ao longo da minha jornada
como especialista de casais e família.
Ao meu esposo, Adriano Pereira, e nossas três filhas,
Ana Carolina, Ana Clara e Ana Vitória. E a você, mulher,
que carrega uma riqueza inesgotável de feminilidade
dentro de si, mesmo que, por vezes, não tenha
plena consciência.

Gratidão

[illegible]

Neste tempo em que a produtividade fala mais alto do que a essência, este livro convida a mulher a resgatar aquilo que foi perdido dentro de si, desviando-se de tudo o que pode distraí-la.

Com uma abordagem voltada para as emoções, Karine Rizzardi ensina como ser leve, desafiando as teorias modernas que insistem em colocar ainda mais peso sobre a mulher, com o objetivo de mantê-la cansada e incapaz de explorar seu potencial máximo.

Este livro é uma verdadeira pérola para as mulheres que buscam compreender sua identidade e propósito à luz da Palavra de Deus, conectando espiritualidade, neurociências e verdadeira feminilidade bíblica. Com equilíbrio e profundidade, ele vai além dos clichês, oferecendo uma visão rica e transformadora que inspira mente, alma e coração.

Ismael Sobrinho
Psiquiatra, palestrante e escritor

Mais um livro imperdível de Karine Rizzardi sobre as maravilhas que unem a neurociência, a fé em Deus e em sua Palavra. Desta vez, o foco está no resgate da leveza, da sensibilidade e da alegria transbordante, que tantas vezes a mulher perde ao longo da vida. Entre outros aspectos, a autora revela as tramas familiares por trás da ordem de nascimento e como essas dinâmicas influenciam nossa vida adulta. Além disso, ela nos descortina a beleza do cérebro feminino, que nunca deve deixar de ser criativo e sensível, apesar das demandas de um mundo cada vez mais executor.

Ana Paula Valadão Bessa
Cantora, compositora e pastora da Igreja Diante do Trono (Boca Raton, Flórida)

Fui testemunha ocular da concepção deste livro, ao presenciar o empenho, dedicação e profunda preocupação com cada detalhe. Finalmente esta obra única, inédita, cheia de riquezas, ciência, fé, esperança e fortalecimento foi gerada.

Tenho muito orgulho da minha esposa, Karine Rizzardi, mãe de nossas três filhas, mulher extraordinária, que, por diversas madrugadas, acompanhei debruçada, orando para que Deus a inspirasse a criar algo memorável. Muitas vezes, vi nos olhos dela a essência de uma criança, que possui um desejo intenso de ajudar a melhorar a vida das pessoas.

Ela colocou o coração neste projeto; e é uma honra compartilhar a vida com alguém que ousa sonhar e, acima de tudo, realizar.

Adriano Pereira
Advogado, empresário, esposo e pai

Em um mundo onde é fácil perder nossa identidade e o propósito de vida para o qual fomos criados, especialmente para aqueles que, como nós, precisaram deixar sua pátria para viver em outro país, o livro "Feminina: tudo pode ser leve" *surge como uma bússola. Ele oferece um caminho para que cada mulher redescubra a essência do feminino e transborde a plenitude desenhada pelo Criador.*

Karine Rizzardi tem o extraordinário dom de integrar a neurociência e as verdades atemporais da Bíblia. Após décadas de pesquisa intensa, ela nos presenteia com este material rico e transformador, que não apenas ajudará você a construir uma versão mais completa de si mesma, mas também a capacitará para influenciar outras mulheres por meio de grupos de estudo.

Prepare-se para embarcar nesta jornada única, que mudará para sempre o curso da sua história.

Kedney e Vivian Simão
Diretores da América Latina para o Christ for the Nations Network em Dallas/TX e pastores na TheLighthouse Church Dallas/TX

Sumário

Parte 2. Desconstrução

Parte 3. Reconstrução

Parte 4. Fixação em novo nível

Prefácio

Por Viviane Martinello

Nestes dias, o Senhor tem nos convocado para uma missão de resgate da feminilidade. Creio que, na estação passada, vivemos um tempo de restauração; agora, porém, o Espírito Santo nos convida a transformar nossa vida, através do propósito e chamado.

As palavras "restaurar" e "resgatar", embora parecidas, têm significados diferentes. Restaurar é trazer de volta ao seu estado original algo que já está em suas mãos. Resgatar, por outro lado, é recuperar o que foi perdido.

Sim, ao longo de nossa caminhada, podemos perder coisas preciosas, valores imensuráveis e, em alguns casos, até nossos fundamentos mais profundos. É por isso que, nesta nova estação, Deus não deseja atuar em você de maneira superficial ou passageira. Portanto, prepare-se para mergulhar nas profundezas da sabedoria divina e reencontrar a pérola da sua essência feminina.

Acredito que livros e autores são inseparáveis, pois aquilo que flui do autor é impresso nas páginas de sua obra. É por essa razão que, sempre que me interesso por um tema, procuro por escritores sábios e conectados com as verdades do alto. Poderia passar horas escrevendo sobre esse assunto tão relevante, mas quero dedicar minhas palavras à autora deste livro, já que a mensagem e o mensageiro são igualmente importantes.

Karine Rizzardi não é uma mulher de lugares rasos e expostos. Em diversas ocasiões, fui abençoada por suas revelações das Escrituras e por sua visão ampla e perspicaz sobre a mente humana. Ela é uma das raras pessoas a quem paro para ouvir. Íntegra, verdadeira, honesta, transparente e incrivelmente inteligente, Karine tem o dom especial de compartilhar verdades que precisam ser ouvidas em nossos dias.

Nesta obra, ela nos apresenta uma abordagem pontual, profética, clara e autêntica a respeito da feminilidade. A sabedoria exposta neste livro não vem apenas de diplomas que apontam para sua formação, mas de cicatrizes que lhe conferem autoridade para transmitir esses aprendizados que agora você tem em mãos.

Eu a encorajo a iniciar esta leitura com o coração aberto para receber os ensinamentos preciosos que serão enraizados em seu interior. Este projeto não é apenas um livro, mas um legado. Que as revelações contidas aqui encharquem as sementes de propósito que Deus plantou em seu coração!

Feminina

Introdução

Sempre acreditei que não somos nós que encontramos um livro, mas, sim, ele que nos encontra. Muitos deles surgem em nossa vida como um presente, uma indicação ou mesmo uma compra inesperada. No entanto, tão importante quanto adquirir um livro é saber discernir o momento ideal para lê-lo.

Houve um tempo em que meu principal objetivo era simplesmente cumprir a meta e terminar cada obra que eu começava. Em outras fases, os livros foram companhias constantes, trazendo conhecimento diverso e produzindo emoções agradáveis e provocativas.

Hoje, talvez mais madura, escolho ler menos, mas com mais qualidade, buscando absorver o que os temas têm de melhor a oferecer. Digo isso porque aprendi que uma leitura profunda estimula o nosso raciocínio de tal forma como se viajássemos sem sair do lugar, como se mergulhássemos num oceano de novos aprendizados.

Se nosso coração estiver atento aos sinais e concentrado no conteúdo, seguramente ele nos levará a mudanças significativas, e esta é a intenção deste livro.

Ao observar tantas mulheres sobrecarregadas, tentando equilibrar uma rotina exaustiva de trabalho com a plenitude de suas famílias — provendo amor, cuidado e atenção —, senti o chamado para fazer algo a respeito. Foi então que decidi criar grupos de feminilidade, espaços onde mulheres pudessem vivenciar, juntas, o caminho de volta à sua essência.

Um retorno à verdadeira feminilidade, respeitando a singularidade de cada uma ao longo dessa jornada transformadora.

Esses grupos me proporcionaram muitas descobertas, que agora compartilho com você nestas páginas. Elas têm uma característica muito especial: são como uma "mãe" que acolhe, compreende e acompanha, mas também sabe corrigir com amor quando necessário. Respeita suas conquistas e seu modo de ser, mas sonha em vê-la transbordando em sua feminilidade.

Ao traçar as linhas que deram origem a esta obra, procurei dividi-la em quatro partes, cada uma explorando um aspecto essencial para atingir uma feminilidade completa: a *mudança de significados*, a *desconstrução*, a *reconstrução* e a *fixação em novo nível*.

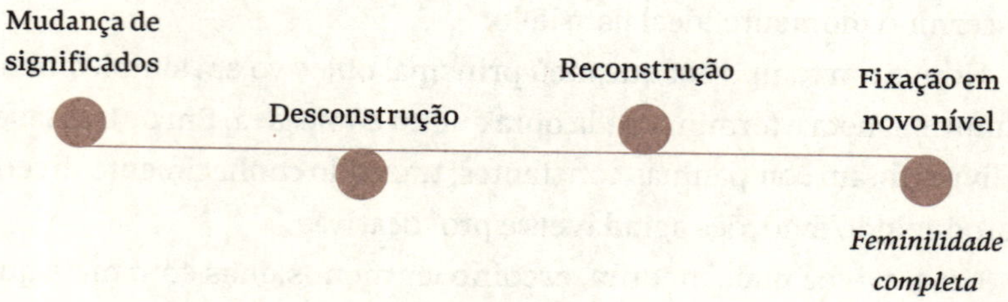

Para ilustrar essa caminhada, criei uma história de ficção com a personagem Barbara Willians, que reúne as experiências e desafios de muitas mulheres em uma só. Com suas angústias, desafios e descobertas, ela mostrará como é possível resgatar a sensibilidade, a diversão, a criatividade e a alegria transbordante que muitas vezes perdemos na caminhada exaustiva da vida.

Portanto, eu a convido a embarcar nesta jornada que lhe revelará como a vida pode ser muito mais leve. Seja jovem ou madura, casada ou solteira, do lar ou profissional, algo nos une profundamente — somos mulheres.

Espero que este livro tenha encontrado você no momento exato, como uma resposta aos seus anseios. Minha sincera esperança é que ele a inspire e desafie, conduzindo-a de forma leve e transformadora de volta à sua essência, para que possa viver plenamente o potencial máximo daquilo que apenas uma mulher feminina pode experimentar.

Boa viagem!

Karine Rizzardi

Feminina

Parte 1

Mudança de significados

Os significados que damos às situações carregam um poder silencioso, sendo capazes de moldar cada um de nossos passos. Quando deixamos de olhar para eles com atenção, impedimos nosso próprio desenvolvimento e deixamos de explorar ao máximo até onde nosso potencial feminino pode chegar.

Nesta primeira parte, você perceberá o quanto os significados afetam nossa realidade, até mesmo no valor oculto de um tempo de 24 horas, porque o que "não fazemos" é tão importante quanto o que "fazemos". Transformar significados negativos em novas perspectivas é mais do que uma prática: é o caminho inicial para construir uma vida mais plena e carregada de sentido.

Capítulo 1

Quem é Barbara Willians?

Barbara Willians, aos 42 anos, era uma profissional admirável. Chegara de uma viagem de vinte dias com a família, trazendo consigo o cansaço, mas também o brilho de quem vivia plenamente. Ao desfazer as malas, observou cada detalhe do lar que construíra: sua família estava bem, seu casamento, forte, e seus filhos amadureciam, navegando da infância para a adolescência. Era difícil negar que tudo ao seu redor refletia um esforço muito bem-sucedido.

No trabalho, sua agenda indicava que ela mal dava conta dos compromissos, e as oportunidades continuavam a bater à porta, chamando-a para conferências e novos projetos. Mas, ao se preparar para mais um semestre intenso, Barbara se pegou olhando pela janela, como se algo a chamasse para além do que já conhecia. Sentia, pela primeira vez, que uma fase havia sido plenamente vivida. A pergunta, então, surgiu silenciosa e persistente: "E agora?".

Enquanto guardava a última peça da mala no armário, sentiu uma vontade inesperada de buscar respostas, um anseio característico e profundo. Impulsionada por essa necessidade, foi até o quarto da filha, pegou a poltrona individual e a colocou de frente para o seu espelho. Sentou-se, cruzou as pernas e, como em um encontro, preparou-se para conversar com Deus.

Ao se dar conta daquele momento, observou-se com atenção, como quem enxerga cada parte de si com um novo olhar. Com voz firme, mas reverente, falou com Deus:

— E agora, Pai? O Senhor me permitiu realizar tudo o que sonhei, mas quais serão os próximos passos a partir daqui? Pode me mostrar o caminho?

Ela ficou em silêncio, aguardando uma resposta — talvez um sentimento, um impulso, qualquer sinal. Foi então que ouviu em seus pensamentos uma voz suave, como um sussurro, dizendo: "Vou expandir suas percepções. Reserve dez dias para estar em minha presença orando e jejuando, buscando-me três vezes ao dia. Esteja atenta a detalhes vindos de todas as direções, porque eu lhe revelarei o que planejei para você".

Sem hesitar, Barbara aceitou o convite. Já havia passado por momentos especiais antes, mas sentia que dessa vez algo ainda maior estava prestes a acontecer, algum evento que mudaria o rumo de sua vida. Ela não podia imaginar que aquela pergunta fosse abrir a porta para uma nova fase que transformaria completamente sua visão de mundo.

Ela ficou em silêncio, aguardando uma resposta — talvez um sentimento, um impulso, qualquer sinal. Foi então que ouviu em seus pensamentos uma voz suave, como um sussurro, dizendo: "Vou expandir suas percepções".

Achava que sua existência estava completa, até entender que havia mais. E agora sabia que, embora muitos de seus sonhos houvessem sido realizados, novos horizontes a esperavam, prontos para transformar tudo o que antes parecia tão seguro e definitivo.

Os meses seguintes foram transformadores e Barbara viveu um processo de reforma interna, todos relacionados ao conteúdo e título deste livro.

Poucos dias após seu encontro com Deus, ela recebeu uma ligação inesperada da irmã, que morava na mesma cidade, propondo-lhe reservar algumas sextas-feiras para passarem juntas. A vida parece ter seus momentos certos para cada novo começo, não é verdade? Se não estivesse em jejum, talvez ela não atentaria aos mistérios ocultos por trás de um simples convite.

Barbara, que raramente encontrava tempo para compromissos além dos que sua agenda permitia, decidiu se reorganizar e atender ao pedido da irmã. Motivada pela intenção de expandir suas percepções, pensou: "Quem sabe não descubro algo novo ao passar um tempo com ela?".

Quando chegou à casa da irmã, uma música suave preenchia o ambiente, e a encontrou impecavelmente arrumada: maquiada, de salto alto, perfumada, a ponto de Barbara sentir-se um pouco desconcertada e até desalinhada, com a impressão de que estava sendo recebida como uma convidada especial que não estava adequadamente vestida. Sentou-se na sala, ainda um pouco deslocada, quase se perguntando qual seria o propósito daquele encontro. Contudo, ao notar que a irmã havia preparado seus doces e frutas favoritos, relaxou, permitindo-se ser tocada por um carinho tão envolvente, que revelava o quanto os gestos simples de afeto têm o poder de alcançar nosso íntimo mais do que qualquer discurso bem elaborado.

— Tenho um recado de Deus para você! — disse a irmã com entusiasmo. — Você vai ajudar muitas mulheres a se reconectarem com sua feminilidade, até aquelas que acreditam que já a vivem plenamente.

Barbara inicialmente reagiu com ceticismo ao que a irmã lhe dizia, pois não reunia as características para se tornar um exemplo de feminilidade, ajudando outras. Para ela, esse papel feminino sempre coube às irmãs mais novas, enquanto ela se via como apenas a inteligente e profissional bem-sucedida da família. No entanto, a irmã revelou que fizera um curso de *personal stylist* especialmente para ajudá-la, acreditando que isso era uma missão dada por Deus, e disse:

— Sinto que o Senhor quer derramar muitos presentes sobre você, como se todos estivessem pendurados por uma corda pronta para ser cortada sobre sua cabeça, e alguns virão através de minhas mãos. O maior deles será observar vidas de mulheres despertando para uma feminilidade plena, justamente porque começará por você. Mas, para isso, é preciso que expanda suas percepções.

Quando Barbara ouviu essa palavra, lembrou-se imediatamente de seu encontro com Deus, quando lhe dissera que ampliaria suas percepções — esse era um detalhe desconhecido por sua irmã. Esta, com um ar de quem sabia o caminho a seguir, assegurou que ela entenderia tudo ao longo de seus encontros bem planejados.

No decorrer de várias semanas, a irmã surpreendeu Barbara com presentes e experiências que incentivavam sua autodescoberta, como itens de beleza, uma nova organização do guarda-roupa, sessões de autocuidado e mimos significativos.

Esses gestos profundos e constantes, acompanhados pelo apoio do marido de Barbara, começaram a despertar nela um novo olhar sobre a própria feminilidade, algo que não acreditava ser possível.

Após dois meses, uma mulher desconhecida apareceu em seu trabalho para tirar dúvidas técnicas, dizendo que sentira no coração dar-lhe um livro de presente. Ao abri-lo, o tema central era "feminilidade", o que só confirmou a ideia de que os sinais estavam claros.

Barbara ficou surpresa ao perceber que duas pessoas, sem se conhecerem, estavam dizendo a mesma coisa para ela. Embora fosse racional demais para acreditar, não podia ignorar a coincidência.

Foi nesse momento que eu a conheci, uma mulher de 42 anos, em busca de autoconhecimento. Sua história me inspirou a torná-la a protagonista deste livro, pois percebi que sua jornada reflete a vida de todas nós.

Ao acompanhá-la, notei como sua mente se expandia para explorar sua feminilidade. Essa transformação me motivou a escrever sobre ela e outras mulheres cujas histórias merecem ser compartilhadas.

"Percepção", com base na experiência de Barbara, é aprender a ver o mundo de novas formas, ampliando a visão. Ao adotar essa prática, a vida se torna mais interessante, e as mulheres descobrem que podem transbordar em sua plenitude, em vez de se limitarem.

De cheia a transbordante

"Ser cheia" não exige muitas definições: é uma pessoa dedicada, que busca cumprir objetivos e melhorar constantemente, mas dentro de certos limites. Ela desempenha bem seus papéis — mãe, profissional, amiga — mas sem ir além dessas áreas. Barbara era uma pessoa "cheia", com um cotidiano repetitivo e sem transbordar para outras dimensões de sua vida.

"Ser transbordante" significa expandir-se além do espaço limitado. É como o óleo que, ao encher um vaso, começa a escorrer e impacta naturalmente o ambiente ao redor. As virtudes se manifestam com bom senso e humildade, mas o transbordar só acontece quando nos permitimos uma reestruturação interna.

Diferentemente de ser "cheia," em que se restringe aos próprios papéis, a mulher "transbordante" utiliza ao máximo suas habilidades e supera limitações internas, construindo essa nova postura com leveza e sem busca por reconhecimento externo. Ser transbordante não implica perfeição — o que seria uma forma de escravidão, exigindo roupas impecáveis, peso ideal, maquiagem e protocolos rígidos —, mas sim o prazer de vencer pequenas fraquezas para promover o bem-estar geral, e não apenas o próprio.

A principal diferença entre mulheres cheias e transbordantes é o desfrute.

A principal diferença entre mulheres cheias e transbordantes é o desfrute. Ambas são incríveis e representativas, mas apenas a transbordante entende que, ao mover-se mais devagar, ganha percepção suficiente para apreciar o que a mulher cheia não consegue. Compreender esses dois conceitos é o primeiro passo para um crescimento transformador.

Ao trilhar esse caminho, você se perguntará: "Por que não aprendi isso antes?". Quando mudamos significados, transformamos nossas reações. Assim, Barbara Willians encontrou seus próximos passos — e creio que o mesmo acontecerá com você.

Perguntas para reflexão

1. Em quais áreas da minha vida tenho vivido de forma "cheia" e restrita?
2. Quais limitações internas ainda me impedem de ser uma pessoa "transbordante"?
3. De que maneiras posso começar a expandir meu campo de atuação com leveza e autenticidade, para que meu crescimento pessoal beneficie também os que estão ao meu redor, sem depender de reconhecimento externo?

Feminina Femi

Feminina

Feminina • Femi • nina

Feminina

Feminina • Feminina • Feminina Feminina

nina Feminina

Feminina Feminina

Feminina • Feminina

Feminina

Feminina

Feminina • Femi • nina

Feminina

Feminina

Feminina • Feminina Feminina Feminina Feminina Feminina

Feminina Feminina

Feminina

Capítulo 2

O novo significado de um banho

Depois de um dia cansativo de trabalho, Barbara Willians ansiava por um momento de alívio ao chegar em casa: ligar o chuveiro e tomar um banho renovador. Essa ideia seria um tanto quanto interessante se ela não fosse acompanhada de um banho de preocupações. Seus pensamentos inquietos a impediam de relaxar.

Com o feriado se aproximando e sua família entusiasmada para desfrutá-lo, ela se via incapaz de aproveitar o presente; e, para piorar, o sono fugia de seu quarto, pois sua mente estava agitada. O motivo de seu desconforto era porque, na época em que estava começando a gostar da ideia de aproveitar melhor a vida, motivada pelos encontros com a irmã, ela decidiu diminuir seu ritmo de trabalho contratando uma colaboradora que a fez perder o sono. A funcionária cometia tantos erros que Barbara acabava refazendo muitas tarefas, especialmente as de natureza fiscal.

Seis meses haviam se passado desde o seu encontro com Deus, quando recebeu o convite para expandir suas percepções. Esse período foi marcado por expectativas, mas também por frustração e cansaço, o que tirava sua paz. Barbara sentia-se cada vez mais distante de seus objetivos de fortalecer sua feminilidade, fazer exercícios, ser uma boa mãe, esposa e profissional. No entanto, sem saber, ela estava prestes a vivenciar uma transformação, o chamado "banho de Ester", que a levaria a novas experiências.

Ester passou por um longo período de preparação antes de se tornar rainha, que incluiu um "banho de dores" e um "banho de beleza", totalizando um ano de preparativos intensos (cf. Ester 2.12-18). No início, ela era uma mulher discreta, mas, ao ser levada ao palácio, iniciou um processo de transformação, que incluía seis meses de purificação com óleo de mirra, seguidos por seis meses de embelezamento com especiarias. Pesquisadores acreditam que o ritual com o óleo de mirra não era apenas uma massagem, mas uma prática desconfortável, em que a mulher se baixava nua sobre o óleo aquecido, absorvendo vapores e fragrâncias que renovavam e perfumavam sua pele. Esse processo a transformou de uma plebeia a uma princesa, pronta para assumir sua feminilidade plena e ser coroada rainha.

O método de preparação de Ester era árduo e exigia uma transformação profunda, que ia além da aparência; envolvia também o aperfeiçoamento interior. Esse ritual ilustra para nós, mulheres, a importância de um "banho" simbólico, que purifique nossas convicções e pensamentos, permitindo uma renovação completa. O objetivo é eliminar o "cheiro da carne" — transcender nossos antigos hábitos e limitações, para emergir com uma nova essência capaz de transbordar feminilidade e autenticidade.

O método de preparação de Ester era árduo e exigia uma transformação profunda, que ia além da aparência; envolvia também o aperfeiçoamento interior.

Barbara Willians enfrentava um processo de mudança emocional intensa, semelhante ao de Ester, e vivenciava desafios, dúvidas, medos e a quebra de antigos paradigmas. Contudo, ela também encontrava momentos de autodescoberta, revelando a liberdade e a clareza de pensamento necessárias para superar suas limitações. Ela me confessou as inseguranças sobre sua capacidade de se tornar plenamente feminina. Ao refletir sobre sua jornada, Barbara identificou-se com a metamorfose de uma borboleta, reconhecendo que era preciso abandonar seu antigo eu para se tornar nova e única.

Perguntei em que fase de transformação da borboleta ela se via — como lagarta ou casulo. Barbara respondeu que sentia estar em plena transformação, imaginando-se uma borboleta amarela. Percebia que algo novo estava prestes a começar, ainda que não soubesse o que exatamente seria.

Ela expressou o desejo de se conectar com sua feminilidade sem as pressões externas, reconhecendo que passara boa parte da vida investindo na carreira e na família, o que a deixara sentindo-se lenta e pesada, como se precisasse abandonar o que não fazia mais sentido.

— Amo a vida que eu levo, mas tudo o que fiz até agora me conecta mais com meu lado "masculino". Agora me sinto preparada para olhar um pouco mais para a minha feminilidade, porque cansei dos pesos em todos os sentidos e passei a achar lindo meu jeito esquisito e único de ser.

Perguntei a ela o que o amarelo significava, e ela respondeu:

— Não sei. A cor amarela[1] só apareceu em minha mente. Talvez simbolize a liberdade de simplesmente ser... ser como sou: livre, leve e solta.

Então completei, dizendo que a borboleta aprecia o design de suas próprias cores e não precisa fazer esforço. Ela simplesmente é... e se tornou desse jeito, porque respeitou seu tempo de sair de cena, sair do ar e ficar no casulo. A consequência natural só podia ser a liberdade.

Encerramos o encontro daquele dia com uma reflexão sobre a importância de respeitar seu "casulo", seu período de construção e de reprogramação mental. Hadassa — nome original de Ester antes da coroação — era a sua fase de lagarta. O banho de Ester representava sua renovação

1. Na psicologia de modo geral, o amarelo possui uma representatividade significativa, que está ligada à leveza, criatividade, descontração e diversão. [N.A]

interior e, após ele, uma nova Barbara Willians nasceria. Disse a ela que, ao nos permitirmos esse processo de transformação, estamos criando as asas que nos permitirão voar com autenticidade e leveza. Se uma mulher não respeita suas fases de mudança, ela destrói seu processo de voo.

— Então voe, borboleta! — disse a ela.

Dias depois, ao reencontrá-la, Barbara chegou radiante. Contou-me que sua irmã a havia levado para uma experiência inesperada: descer uma ladeira em um carrinho de rolimã — algo que geralmente só se faz na infância, mas ali estava ela.

— No começo, tentei controlar o processo, como faço com a minha vida. Percebi que a liberdade também traz medos. Ela nos obriga a sair da nossa zona de conforto. Mas, ainda assim, continuei e, ao fim, fiz a curva, até que parei. Por alguns instantes, fiquei ali sozinha, contemplando aquela experiência.

Incrivelmente, uma borboleta amarela acompanhou-me durante o passeio e se uniu a um grupo de outras borboletas amarelas, que pareciam livres e espontâneas. Aquela experiência reforçou em mim o desejo de me tornar livre.

— Sim — completei — somos feitas para a leveza, apesar das responsabilidades. Agora é o momento de explorar ao máximo o seu potencial, enfrentando tanto as dores quanto as alegrias do caminho. Para isso, é preciso se soltar de quem não faz parte do seu *dream team*, reduzir o ritmo profissional e se conectar com o universo feminino, gerando vida para si mesma e para futuras gerações.

Incrivelmente, uma borboleta amarela acompanhou-me durante o passeio e se uniu a um grupo de outras borboletas amarelas, que pareciam livres e espontâneas.

Barbara Willians representa todas nós, mulheres, que temos a feminilidade impressa em nosso DNA como um presente de Deus, mas que, em algum ponto de nossa jornada, desconectamo-nos dela. Hoje é tempo de nos libertarmos, de tomarmos nosso próprio “banho de Ester”, preservando o frescor de menina, mas explorando o encanto da juventude e, por fim, transformando-nos no perfume pleno de mulher — um resultado que transborda essência e presença. É hora de sairmos do casulo e voarmos nas asas do Espírito, rumo ao que ele desenhou para nós.

Perguntas para reflexão

1. Você acredita que a liberdade pode vir acompanhada de medos? Quais?

2. Você concorda que, ao viver plenamente o tempo no casulo, o voo se torna possível?

3. Quais seriam duas vantagens de respeitar seu tempo no casulo e esperar, sem pressa, por sua transformação?

Capítulo 3

Novo significado de gestão do tempo

Estamos imersas em uma sociedade que cultiva uma obsessão por conquistas e desejos, como se fama e reconhecimento fossem metas indispensáveis para a vida.

Esse cenário reflete o que está no íntimo de nosso coração — e não precisamos negá-lo. Ao contrário, ele revela os ídolos não resolvidos em nosso âmago, mostrando quão insaciáveis são nossas próprias vaidades. Essa elaboração ainda não foi tratada emocionalmente por nós, porque enfrentá-la parece uma batalha perdida: ídolos não podem ser eliminados, apenas substituídos. E eles são nossas ambições, frequentemente desmedidas. Quanto mais fama temos, mais desejamos; quanto mais seguidores acumulamos, mais queremos; quanto mais dinheiro ganhamos, mais buscamos — e assim por diante.

Somos tentadas a viver executando inúmeros projetos e a transmitir uma imagem de sucesso em tudo o que fazemos, especialmente em um mundo dominado por realidades virtuais. Esse excesso de compromissos, que muitas vezes alimenta apenas uma imagem de sucesso, leva-nos a nos tornarmos “máquinas do fazer”. Mas será que preencher nosso tempo com tarefas constantes realmente nos satisfaz?

Trabalhei essas questões com Barbara, mostrando que elas ultrapassam a rotina individual e tocam algo mais profundo. Na busca por respostas, ela encontrou uma revelação extraordinária: a chave está na volta ao propósito original, encontrado no Jardim do Éden. Ao pesquisarmos o significado de "Jardim" e "Éden" nas escrituras hebraicas,[1] descobrimos algo surpreendente. Sabe o que essas palavras significam? Um "espaço protegido projetado para ser um lugar de delícias e prazeres". Era isso que Deus tinha em mente quando fez nossos dias de 24 horas. O desejo original do Pai era que nos relacionássemos com ele e que pudéssemos viver dias de contentamento em um lugar protegido, todos os dias da semana, 365 dias do ano, apesar dos contratempos. O que foge disso nos leva a muito esforço para pouco resultado.

Para que nossos dias se tornem de regozijo e prazer, é preciso voltar ao jardim. Viver sem dormir, dominada pela preocupação e ansiedade, não reflete o perfil de uma mulher que transborda. Portanto, não se conforme com o ritmo frenético deste século. Você pode, sim, viver o verdadeiro significado de cada dia, aproveitando suas 24 horas com compromisso, responsabilidade e desafios, mas também com momentos de prazer reservados em um ambiente protegido.

O desejo original do Pai era que nos relacionássemos com ele e que pudéssemos viver dias de contentamento em lugar protegido.

Gestão do tempo não significa ter mais horas, mas sim readequar o foco. Deus nos ensina que a paz e a verdadeira produtividade vêm de um "encontro diário" com ele, que nos libera instruções e planos para guiar nossos passos e decisões da jornada.

---

1. STRONG, James. **Strong's exhaustive concordance of the Bible**. New York: Abingdon Press, 1890. H1588 (גַּן - gan): "jardim, área cercada."; H5731 (עֵדֶן - ʿēden): "deleite, prazer".

Nesse lugar protegido, o silêncio é bem-vindo, pois o ato de ouvir é mais sábio que o de falar (cf. Salmos 62.5) — como fez Barbara, que permaneceu alguns minutos aguardando a resposta de Deus em oração.

Esse entendimento evita desgaste mental e desperdício de esforço, porque o alinhamento com o propósito do Eterno torna nossos dias "transbordantes", em vez de apenas "cheios". Como já vimos, a diferença entre os dois está no "desfrute" — viver além das necessidades, sentindo e aproveitando plenamente cada experiência que nos recarrega para enfrentarmos os desafios com serenidade.

Eu quero que todos os meus dias sejam de delícias. E você? Mesmo os mais difíceis podem ser vividos com conforto e num lugar de refúgio, pois só assim a nossa alma encontra paz. Para isso, é preciso aquietar nossos desejos e vivermos como uma criança que se acalma no colo da mãe (cf. Salmos 131). Quanto mais compreendemos o plano original de Deus para um dia de 24 horas, mais focaremos intencionalmente em fazer de nossas horas um deleite — para nós, nossa família, nossos colegas de trabalho e demais pessoas que cruzam nosso caminho.

Você tem feito de seu dia um lugar de delícias, mantendo um espaço protegido? Se sua resposta for não, então você não está transbordando. Provavelmente esteja apenas "cheia" — cheia de compromissos, cheia de cansaço e cheia de trabalho.

Quanto mais compreendemos o plano original de Deus para um dia de 24 horas, mais focaremos intencionalmente em fazer de nossas horas um deleite.

Essa mesma falta de plenitude pode estar refletida no estilo do seu lar. Ele transmite acolhimento e feminilidade ou tem um toque mais masculino, sendo apenas funcional? Uma casa acolhedora e feminina se diferencia: é um espaço de aconchego, com cheiros familiares, risadas e sensação de segurança, onde encontramos forças para enfrentar o mundo. Em contraste, uma casa masculina é prática e funcional, mas pouco convidativa, funcionando apenas como um lugar de passagem. Se sua casa tem um ar mais masculino, este livro poderá ajudá-la a transformá-la em um verdadeiro lar.

Como seriam dias de delícias no frio? Mesmo com trabalho e compromissos, as noites poderiam ser de cobertas, chá, conversas e calor humano. E no calor? Como seriam esses dias? Há alegria, brincadeiras ao ar livre, tarde de sorvetes? O prazer nos pequenos rituais — como um café em família, um jantar a dois, além dos momentos de oração — traduz o conceito de viver com delícias, onde cada ação ganha significado. Para isso, no entanto, é necessária a organização do nosso tempo.

O que fazer para mudar a gestão do meu tempo?

Temos muitos desafios diários, é verdade, mas convido você a redefinir o que significa "um dia", de fato. Volte ao plano original de Deus: tranquilidade, paz, sustento e encontros com ele — qualquer coisa além disso, repense. Sua prioridade será acordar e ir direto "ter com o Pai".

Não subestime o que você pode fazer dentro de um tempo de 24 horas. Essa é uma das principais questões que eu e meu marido temos focado ao treinar nossas três filhas, além de servir a Deus e aprender inglês.

Já li diversas teorias e técnicas sobre como otimizar o tempo e organizar melhor as tarefas do dia, mas nenhuma foi tão impactante quanto o livro *Essencialismo*, de Greg McKeown.[2] Foi a única obra que realmente me ajudou a alcançar e manter a constância. Sugiro, a seguir, algumas práticas que podem ajudá-la nesse processo:

1. **Eleger atividades essenciais**: Escolha quatro coisas que tragam real satisfação para as suas 24 horas. Decida o que fazer com sua

---

2. McKeonw, Greg. **Essencialismo.** Rio de Janeiro: Sextante, 2021.

vida única e preciosa. Se você valoriza o sono, exercício e leitura, por exemplo, mas luta para manter constância devido a trabalho ou filhos, esse exercício ajuda a guiar suas escolhas, trazendo continuidade e produtividade. Assim, você aprende a trocar coisas que são boas, por poucas que sejam realmente extraordinárias.

2 **Eliminar o desnecessário**: Nenhum novo hábito nasce sem abandonar um antigo. Eliminar o que não funciona ajuda a formar hábitos mais eficazes. Evite desperdiçar tempo, especialmente ao lidar com as redes sociais. Utilize-as de forma consciente, sem permitir que roubem o desfrute de um dia repleto de delícias e prazeres, para que você esteja emocionalmente disponível para as pessoas ao seu redor. As redes sociais devem ser apenas um elemento do seu dia, nunca o foco principal.

O cansaço nos limita e, para darmos conta do essencial, é fundamental eliminar o que não é necessário. Isso nos ajuda a viver de forma mais leve e descontraída, como uma borboleta amarela que voa livremente.

3 **Aplicar a regra do 1/5**: Gosto do exemplo de José do Egito, que reservava 1/5 da produção para tempos difíceis. Aplicar essa proporção ao nosso tempo é uma forma eficaz de vencer as desculpas. Podemos dedicar vinte minutos ao que é essencial: dormir um pouco mais cedo, exercitar-nos, ler.

Foi assim que consegui escrever este livro. Em meio à rotina cheia, comecei a acordar mais cedo e, após meu "encontro com Deus", escrevia antes de tudo. Esse tempo diário, por menor que fosse, permitiu que eu avançasse no que era importante para mim. A regra de 1/5 simplificou minha rotina e trouxe mais satisfação. Mesmo sem gostar de matemática, essa pequena fração realmente fez diferença nos meus dias.

4 **Inserir elementos de delícias:** Quando entendi o significado de "Jardim do Éden", experimentei por dois anos transformar meus dias em momentos de delícias e prazeres, em um lugar protegido. Esse hábito me ensinou que o que você não faz é tão importante quanto o que você faz. Com esse entendimento, o essencial passa a se destacar, e eliminamos o supérfluo. Isso nos leva a preferir respeito à popularidade, e muda até a forma como compramos: se uma roupa não nos deixa incríveis, ela não merece estar em nosso armário, entende? Viver em um lugar de delícias facilita dizer não ao desnecessário e Deus nos guia a criar esse espaço.

É interessante como temos uma habilidade formidável em sabotar nosso desfrute, quase como escravos que ainda contam tijolos no Egito. Entenda que, quando mudamos o valor das 24 horas, nossas reações também mudam.

Vamos, portanto, acionar esse GPS, recalcular nossa rota mental e transformar nossas ruas neurais, até ouvirmos a Voz dizer: "Você chegou ao seu destino". O convite de hoje é para reavaliar a gestão do tempo à luz de uma vida mais intencional e significativa, sendo ocupada por um lugar de delícias e acolhimento, apesar de nossos compromissos.

Acredite: é possível sermos mais leves.

Perguntas para reflexão

1 Com base no exposto, como você poderia aproveitar melhor a sua gestão de tempo?

2 Que tipo de erro você costuma cometer ao desperdiçar seu dia ou seu tempo?

3 O que poderia ser eliminado ou ajustado na sua rotina para tornar seu dia mais prazeroso e produtivo?

4 No capítulo anterior, falamos sobre alguns tipos de banhos — banho de preocupação, banho de dores, banho de alegrias e banho de purificação. Seus dias são preenchidos, geralmente, por quais desses tipos de banhos?

Capítulo 4

Vamos falar de homens?

Homens e mulheres são interligados; não há como negar. Uma mulher se define, em parte, pelo olhar masculino — seja pai, namorado, noivo, esposo ou Deus. Neste capítulo, veremos o impacto das palavras do homem na autoestima feminina, a diferença entre espaço e território, e o conceito de "porção". Quero, nestas páginas, ir além do básico.

Chegou a hora de um novo movimento, de um terremoto de homens e mulheres que ousem viver e retomar o design original de Deus na relação entre os sexos. Autoras como Mary Kassian e Nancy DeMoss[1] afirmam que as mulheres são o "açúcar" e o "tempero" que dão graça ao mundo, enquanto os homens são feitos para enfrentar desafios, lançar-se em aventuras e lutar. Essa definição ajuda as mulheres a perceberem que têm o poder de adoçar ou salgar tudo ao seu redor. Além disso, quando compreendem, de forma neurológica, que os homens se sentem "dopaminicamente" fortalecidos ao cuidar e proteger, elas podem se render com mais naturalidade à arte de serem cuidadas. No entanto, as distorções modernas afastaram homens e mulheres desses papéis originais.

1. Kassian, Mary; DeMoss, Nancy. **Mulher, sua verdadeira feminilidade**: design divino. São Paulo: Shedd Publicações, 2015, p. 42, 66.

Deus projetou o homem para cuidar e cultivar, conforme Gênesis 2.15, e essa missão está em seu DNA. Ele foi criado para prover, proteger e promover a autoestima de quem está com ele. Contudo, a cultura atual, os filmes e desenhos não incentivam essa maturidade e liderança. Infelizmente, quando o homem não executa esse papel, é comum que outra pessoa — mãe, esposa ou instituição — ocupe esse espaço. Deus quer que o homem conduza a mulher, como numa dança, para que ela confie e se entregue ao seu cuidado. Quando há falhas nessa conduta, surgem os conflitos.

Exemplos de mulheres assumindo posturas masculinas — como sustentar a casa e poupar os homens de responsabilidades — demonstram como crenças distorcidas sobre a masculinidade se perpetuam. Dessa forma, a visão negativa dos homens como "folgados" tem impactado as gerações. É por isso que redefinir essa visão é essencial para mudar comportamentos. Enxergar os homens da maneira que Deus os vê — fortes e protetores —, e não como o mundo os está apresentando, é fundamental para fortalecer a identidade masculina e restaurar relacionamentos, tornando-os saudáveis.

Uma das formas que usei para me preparar para escrever este livro foi realizar quatro grupos-piloto sobre feminilidade durante um ano. Também, após o curso, acompanhei empiricamente a vida individual delas, por mais doze meses, para ver o desenrolar das evoluções. Decidi fazer o acompanhamento pós-curso justamente para testar se os temas deste livro seriam válidos ou não para serem abordados. Em um desses encontros, uma das mulheres trouxe à tona uma situação delicada para discutirmos: mãe de dois meninos e uma menina, ela sustentava a casa há mais de um ano, e toda a referência de força recaía sobre ela, não sobre o marido. Desejando que o esposo assumisse seu papel de líder no lar, ela lutava para transferir essa posição, buscando apoio em cursos, livros, igreja e aconselhamentos.

No entanto, sentia medo de "deixar tudo nas mãos dele", pois não confiava que assumiria a responsabilidade. Em tom de desabafo, disse: "Como posso ser feminina se meu marido sequer consegue fazer o papel masculino?". Ela iniciou nosso curso revisitando o significado original de "homens" e o concluiu trazendo questões profundas. Decidiu fechar os olhos e confiar ao marido a liderança financeira, que só começou a fluir depois de um bom tempo. Largando temporariamente o trabalho, ela se dedicou ao terceiro filho, o que fortaleceu a união do casal e da família, mesmo que as dívidas tenham continuado por certo período.

Não houve receita rápida e mágica para mudar a dinâmica relacional, mas essa mulher se deu conta de que o fato de olhar os homens de forma negativa estava afetando toda a família, pois o filho menino também estava sendo poupado das tarefas da casa, enquanto a filha menina permanecia sobrecarregada, como se somente as mulheres tivessem de dar conta do recado. Nessa dinâmica, a mãe se sentia diariamente sobrecarregada, alimentando esse ciclo disfuncional. Ao revisitar os valores e conceitos, parou de dizer: "Se eu não fizer, não tem quem faça", pois entendeu que não há homem fraco, o que há são homens que não descobriram a sua força.

Homens, meninos e rapazes não precisam ser poupados, porque eles se tornam melhores à medida que treinam suas capacidades. Mais uma vez, chegamos ao entendimento de que quando mudamos significados, mudamos comportamentos.

Por outro lado, há também falhas na maneira como as mulheres assumem seu papel. Sabemos que todas desejam ser amadas — e não só amar — e cuidadas — e não só cuidar. No entanto, algo intrigante acontece com muitas delas: desde pequenas, sonham com o príncipe encantado, mas quando esse homem chega em suas vidas, elas se dedicam por um tempo e depois os negligenciam. A atenção se volta para o trabalho ou filhos, e eles ficam em segundo plano. A ordem certa não é essa, até porque "[...] onde estiver o seu tesouro, ali também estará o seu coração" (Mateus 6.21).

Homens, meninos e rapazes não precisam ser poupados, porque eles se tornam melhores à medida que treinam suas capacidades.

Meu marido disse certa vez em uma palestra: "Se você fizer do homem um rei, ele te fará uma rainha". Isso me faz lembrar que a relação de um homem e uma mulher deveria ser como a de Olívia e Popeye: ela conhece sua força, mas conquista seu marido com doçura e vulnerabilidade, o que o motiva a protegê-la e a se tornar cada vez mais forte por ela.

O velho elemento novo

Você já parou para pensar por que a fala de um homem afeta tanto, positiva ou negativamente, o coração de uma mulher? Ainda que uma menina tenha boa autoestima, é a figura do pai que afirma a segurança pessoal e avanço profissional.

Como mencionei, meu desejo é oferecer algo novo e útil, e achei uma resposta simples para esse questionamento: Deus deu poder ao homem de "dar nomes" às coisas — simples assim.

Acredito, sem qualquer tom de machismo, que o homem precisa estar mais bem preparado que a mulher. Se fosse diferente, Deus teria criado ambos ao mesmo tempo com tarefas iguais, mas ele não fez desse modo. Antes de dar fôlego à mulher, o Criador investiu tempo em treinar e orientar o homem, dando-lhe a responsabilidade de "nomear" tudo o que via (cf. Gênesis 2.18-22), e essa autoridade nunca poderá ser retirada dele. Isso é visível quando vemos mulheres lindas e inteligentes que, apesar dos elogios de outros, não conseguem se ver de forma diferente das palavras negativas proferidas por seus maridos.

Deus não criou o homem para prejudicar a mulher, mas para exercer uma autoridade responsável e virtuosa. Essa autoridade exige obediência a Deus, de quem flui todo poder. Quanto mais o homem se submete a Deus, mais forte e cuidadoso ele se torna, capaz de curar as feridas mais profundas de uma mulher, tornando-a transbordante. A teoria é linda, no entanto a prática, muitas vezes, é dolorosa. Ver homens desonrando mulheres e desvalorizando-as é algo triste, especialmente quando a infidelidade ou o abuso de bebidas são presentes, causando imensa dor — como descrevi no livro *Foguete não tem ré*.[2]

Se você já viveu esse sofrimento, saiba que sua dor é legítima e deve ser acolhida. Lembre-se de que o Criador é seu verdadeiro marido (cf. Isaías 54.5), e ele mobilizará todas as situações a seu favor, trocando sua vergonha por honra. Mesmo em meio ao sofrimento, ele está ao seu lado, guiando-a e amando-a; ele trocará sua dor por alegria.

Espaço é diferente de território

O que acontece com os homens quando sua autoridade não é completamente estabelecida? Eles se tornam passivos, muitas vezes sem entender a verdadeira essência da masculinidade. E é bom saber que autoridade não pode ser retirada, mas ferida, distorcida ou não utilizada — como a feminilidade. Homens passivos deixam de opinar sobre os comportamentos ao seu redor, acreditando que suas opiniões não têm valor, ou preferem se omitir para evitar conflitos — especialmente sob o controle de uma mulher "espaçosa".

Assim como as mulheres, os homens precisam resgatar sua masculinidade, aprendendo a diferenciar espaço e território. Espaço todos possuem, sendo determinado pelo lugar onde vivem, o trabalho que executam e como são percebidos. Mas território é conquistado, exige preparo, superação e força para não retroceder quando alguma tentação bate à porta. Um homem pode ter espaço em sua casa, mas perderá seu território se trair sua esposa ou desonrar sua família, descumprindo seu papel. A autoridade vem de Deus, mas o próprio homem abre mão dessa autoridade quando age de forma insensata. Território exige resistência e atenção.

2. Rizzardi, Karine. **Foguete não tem ré**. São Paulo: Editora Vida, 2022.

Com as mulheres, a situação é semelhante. Elas podem alcançar espaço como profissionais, sendo dedicadas e bem-sucedidas, mas é na dedicação honesta à sua família que consolidam seu território. E esse é validado por Deus, permitindo-lhe exercer sua influência de forma firme e amorosa. Mulheres virtuosas têm território, enquanto mulheres empoderadas têm apenas espaço.

Quem conquista território respeita sua "porção"

Certamente você já se questionou por que alguns têm mais e outros menos. Em relação à divisão das terras para as doze tribos de Israel, por exemplo, eu mesma ficava me perguntando por que alguns receberam um território maior e outras tribos, partes menores. Analise o mapa a seguir e imagine que seu nome esteja inserido em uma destas terras.

Após muito estudo, consegui compreender que cada tribo recebeu conforme sua capacidade, e não por falta de amor divino. Deus nos dá coisas conforme podemos lidar com elas, para que vivamos em paz com o que recebemos — quando entendemos isso, alcançamos o que significa "porção".

Assim como um copo não comporta o mesmo conteúdo que uma jarra, algumas pessoas têm limites diferentes de outras. Quando ultrapassamos nossa capacidade, caímos em dores e conflitos, e um dia de delícias se transforma em noites maldormidas. A comparação é inútil, e a conquista do território exige paciência e autoconhecimento.

Um homem pode ter espaço em sua casa, mas perderá seu território se trair sua esposa ou desonrar sua família, descumprindo seu papel.

Ezequiel 44.18-19 ensina uma lição preciosa e escondida. Lá é dito que o sacerdote não devia "transpirar". Isso significa que batalhar é normal, lutar é nobre, mas transpirar significa que você está se sacrificando por algo que não é essencial.

Trabalhemos com dedicação, mas sem perseguir ilusões que nos façam perder o equilíbrio e o tempo com quem amamos.

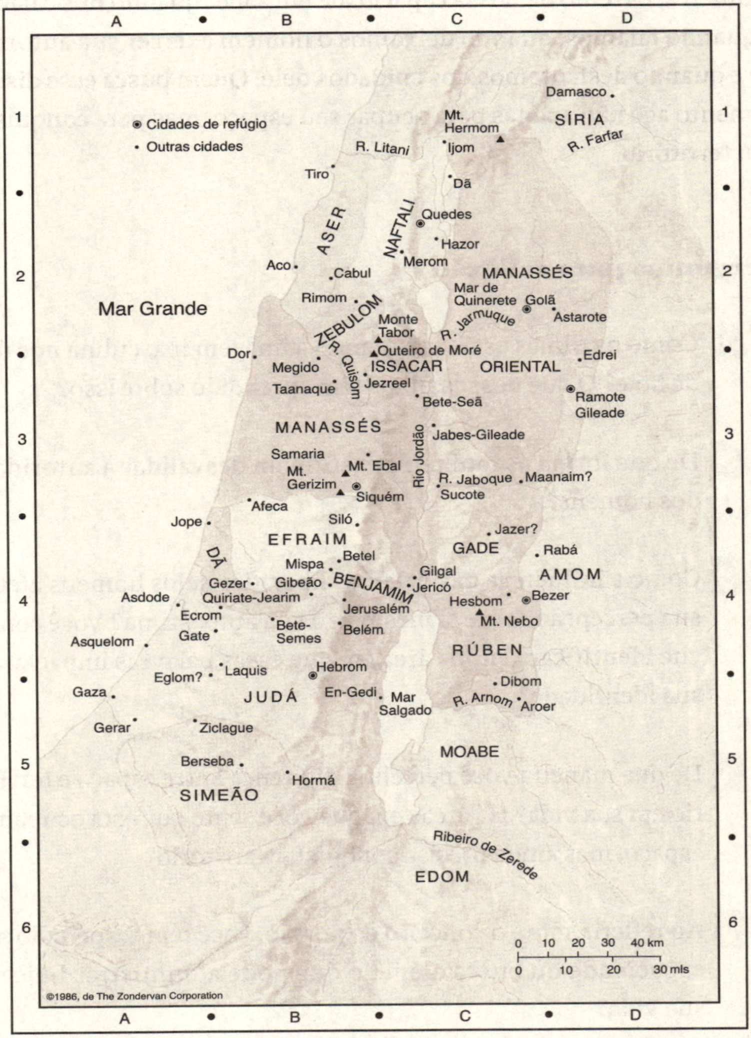

Fonte: PETERSON, Eugene H. Mapa das Doze Tribos de Israel. In: PETERSON, Eugene H. **Bíblia A Mensagem**. 2. ed. São Paulo: Vida, 2023. p. 1642.

A verdadeira força dos homens e mulheres está em resgatar e honrar seus papéis, conforme o plano original de Deus. Isso exige de nós, mulheres, o treino de nossa capacidade em saber quando nos calamos e quando falamos, quando deixamos o homem exercer sua autoridade e quando desfrutamos dos cuidados dele. Quem busca esse discernimento age não apenas para ocupar seu espaço, mas para conquistar seu território.

Perguntas para reflexão

1. Como os filmes estão retratando a imagem masculina nos dias de hoje? O que nossos filhos têm aprendido sobre isso?

2. De que forma as mulheres costumam desvalidar a autoridade dos homens?

3. Como a influência das palavras liberadas pelos homens afeta a sua percepção sobre si mesma e a sua autoestima? Você consegue identificar alguma área em que essas palavras impactaram sua identidade?

4. De que maneira você percebe a diferença entre espaço e território em sua vida? Há áreas em que você sente que está ocupando espaço, mas ainda precisa conquistar território?

5. Ao refletir sobre o conceito de porção, você tem respeitado sua capacidade ou busca além do que pode administrar hoje em sua vida?

Feminina

Capítulo 5

Ressignificando o feminino

Até agora, refletimos sobre conceitos, como ser cheia ou transbordante, o banho de dores que antecede a alegria, e como podemos transformar nosso tempo de 24 horas em um espaço de prazeres. Também exploramos o significado de autoridade masculina e o impacto das palavras dos homens sobre nós, a conquista de espaço e território e, agora, chegamos ao verdadeiro tema deste livro: o significado da feminilidade. Tudo o que discutimos até aqui foi uma preparação. Agora, é hora de focarmos você.

Se não mudarmos os significados negativos que carregamos, não conseguiremos avançar. Por mais que nos esforcemos, perceberemos que nada muda.

Para ilustrar a importância de revisarmos os significados, conto a história de um homem cuja esposa estava cansada das explosões de nervosismo dele e sua falta de carinho. Em um encontro de aconselhamento, ele me relatou uma discussão que tiveram em uma viagem de fim de semana porque ela não sabia lidar com o GPS. Essa não era a primeira vez que trazia uma história semelhante sobre "brigas em viagens", e eu sabia que isso o incomodava profundamente. Seu temperamento explosivo acabava expondo sua filhinha às discussões, e ele se culpava por isso.

— Não sei mais o que fazer para controlar meu temperamento — disse ele. — Eu grito e estrago o clima. Preciso saber onde sou culpado e onde ela é culpada.

Então, respondi:

— Separar a culpa por porcentagens não resolve. Precisamos trabalhar o significado da palavra "viagem" para você. Quando o significado mudar, seu comportamento e suas escolhas também mudarão.

Pedi que ele escrevesse a palavra "VIAGEM" na janela de vidro e descrevesse o que essa palavra representava para ele desde a infância. Ele escreveu: "Diversão/Tensão/Briga por dinheiro/Conflito entre irmãos/Choro". Lembrou-se de que, embora sua mãe tentasse tornar as viagens agradáveis, as dificuldades financeiras do pai geravam brigas que deixavam o clima tenso.

Compreendi que a palavra precisava ser ressignificada em sua mente, pois ele estava apenas recriando as memórias da infância, mas com personagens diferentes: agora, a esposa e a filha substituíam pais e irmãos.

Orientei que pensasse em novos sentidos para a palavra "viagem," como se estivesse reescrevendo as lembranças para as próximas experiências. Ele, então, anotou: › Construir boas memórias › Parada para comer › Momento para conhecer coisas novas › Relaxamento.

A diferença foi clara. Ao transformar seu entendimento sobre viagens, ele começou a processar uma realidade mais positiva e construtiva, capaz de impactar suas futuras experiências familiares.

"Significado" é um selo que nosso cérebro recebe, positivo ou negativo, fixado na memória. Para entender como isso nos afeta, pensemos em um campo magnético. Como em ímãs de geladeira, polos iguais se repelem e polos opostos se atraem. No exemplo do casal, o marido tinha uma visão negativa sobre "viagem" desde a infância. Ao crescer, ele inconscientemente repetia essa percepção, transformando qualquer viagem em algo estressante.

Reformulando essa ideia para algo positivo, seu comportamento mudaria. Como no campo magnético, o significado que atribuímos a uma experiência orienta nossas escolhas. Não importa se nossas lembranças são negativas; podemos ressignificá-las, transformando essas percepções em experiências construtivas.

Um alerta: até mesmo um excesso de positividade pode nos desviar. Se ele visse "viagem" como algo sempre perfeito, poderia se descuidar, não planejando adequadamente ou negligenciando o tempo. A ressignificação é um processo lento, mas poderoso. Ao se lembrar do significado que deseja dar às viagens — boas memórias, relaxamento e momentos de descoberta —, ele poderá selecionar melhor o que merece atenção e evitar desgastes.

"Significado" é um selo que nosso cérebro recebe, positivo ou negativo, fixado na memória.

Esse processo requer equilíbrio. Nas relações, vemos que muitas vezes um parceiro é mais racional enquanto o outro é mais emocional. Equilibrar esses opostos traz harmonia, e isso vale para todo aspecto da vida.

Quando Barbara Willians começou a compartilhar as conversas que tinha com sua irmã, pedi que descrevesse o significado de algumas palavras, entre elas "exercício físico". Sem hesitar, ela respondeu: "Uma obrigação necessária, associada ao peso". Ela via "exercício" como uma "obrigação", o que minava sua disciplina. Ao reescrever essa visão como algo "divertido", começou a praticar atividades físicas com regularidade.

Agora é com você. Escreva apenas o significado que suas lembranças trazem, no quadrante correspondente ao positivo ou negativo a seguir. Não se trata de elaborar um novo significado agora; essa técnica é apenas para ajudá-la a identificar se suas memórias são positivas ou negativas. Também ressalto que não é sobre escolher uma palavra bonita, mas sim sobre como você aprendeu a enxergar cada um dos itens abaixo ao longo da sua história. Depois, seguiremos com o próximo passo.

Significados		
Assunto	Signficado Positivo	Significado Negativo
Ser mulher é		
Sexo		
Erros		
Quando me vejo no espelho		
Dinheiro		
Culpa		
Pai		
Mãe		
Irmãos		
Exercício físico		
Roupas		
Família		
Casa		
Maternidade		
Transbordar		
Homem		
Profissional		
Comida		
Desfrute		
Arrumar-se		
Cabelo		
Maquiagem		
Corpo		
Peso (Balança, quilos)		
Feminilidade		

Percebeu que você é fruto do significado de todas essas palavras que leu? Se você cresceu ouvindo que "filhos dão trabalho", a maternidade poderá sempre parecer um fardo, associada ao cansaço. Mesmo que tenha um filho tranquilo, poderá vivê-la como uma renúncia constante. Nós não nos relacionamos com as coisas, mas com o significado que temos sobre elas. Isso vale para todas as áreas da vida, o que torna essencial ressignificá-las.

Agora, convido você a analisar os significados que atribui a palavras e situações, especialmente aquelas com uma carga negativa. Reescreva-as de maneira que promovam leveza e autodescoberta. Ao renomear essas experiências de forma mais suave e realista, você estabelece novas percepções. Ajustar esses significados nos aproxima da vida que Deus tem para nós e nos ajuda a retornar ao nosso propósito original; é uma oportunidade de se acolher com carinho e abrir espaço para a mulher que você pode se tornar, com mais graça e curiosidade.

Novos Significados		
Assunto	**Signficado Positivo**	**Significado Negativo**
Ser mulher é		
Sexo		
Erros		
Quando me vejo no espelho		
Dinheiro		
Culpa		
Pai		
Mãe		
Irmãos		
Exercício físico		

Novos Significados		
Assunto	Signficado Positivo	Significado Negativo
Roupas		
Família		
Casa		
Maternidade		
Transbordar		
Homem		
Profissional		
Comida		
Desfrute		
Arrumar-se		
Cabelo		
Maquiagem		
Corpo		
Peso (Balança, quilos)		
Feminilidade		

Analise suas respostas e observe onde há padrões de autossabotagem. As áreas mais pesadas da sua vida geralmente são aquelas que menos florescem — e é exatamente por isso que você não consegue transbordar.

Lembre-se de que transbordar nas áreas da vida significa utilizar ao máximo sua capacidade, resultante de uma explosão de ideias e potencialidades que tornam seus dias muito mais leves e prazerosos. Ao ressignificar lembranças e expectativas, somos convidadas a abraçar uma nova relação com a nossa feminilidade, o que nos permite florescer e viver de forma plena.

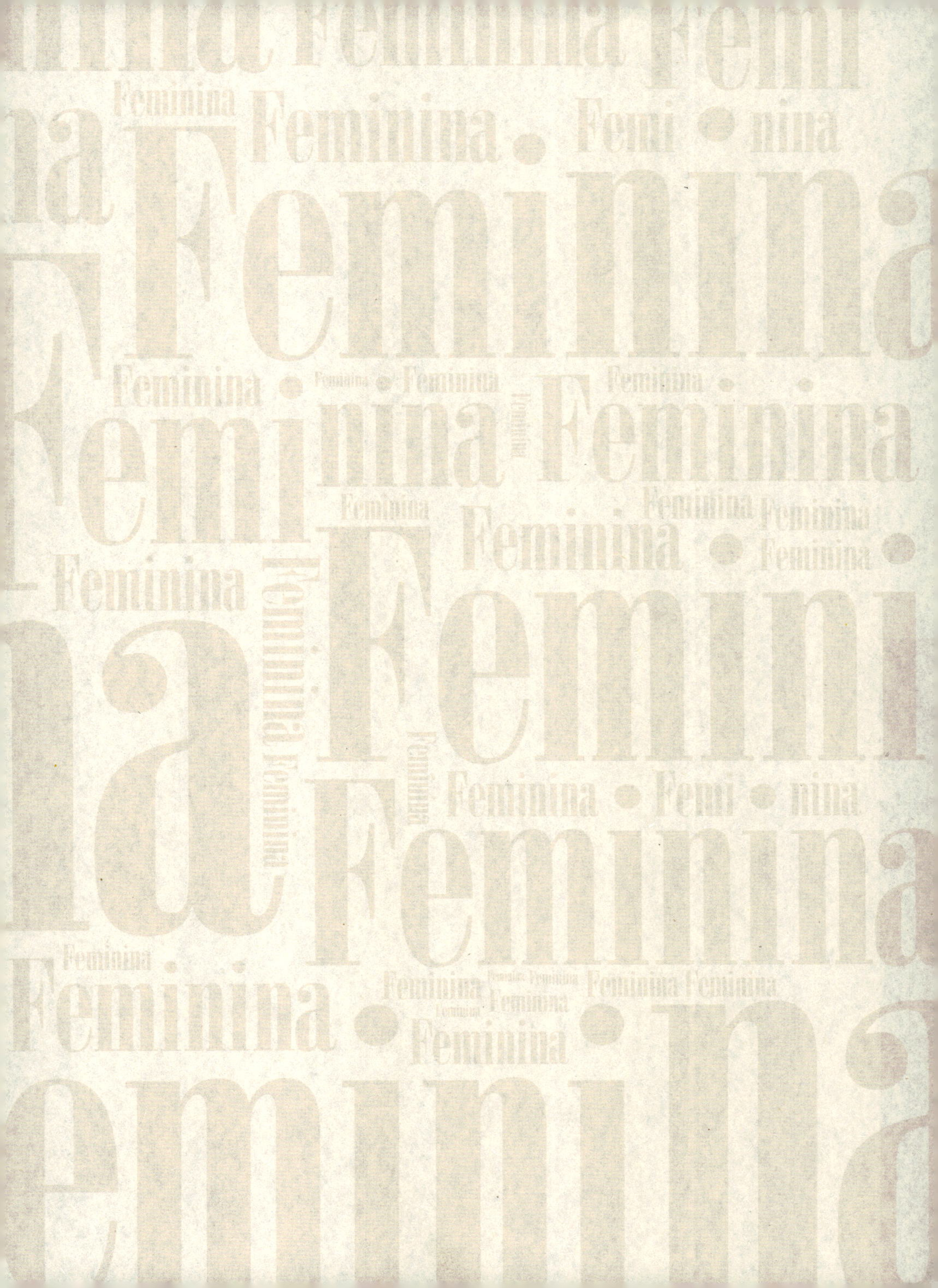

Feminina Femi

Feminina Feminina • Femi • nina

Feminina

Feminina • Feminina • Feminina Feminina •

Femi nina Feminina Feminina

Feminina Feminina Feminina Feminina • Feminina •

Feminina Feminina Feminina

Feminina • Femi • nina

Feminina

Feminina Feminina Feminina Feminina Feminina

Feminina • Feminina Feminina Feminina

Feminina

Parte 2

Desconstrução

Nesta segunda parte, faço um convite para uma jornada pessoal, na qual revisitaremos sua história com irmãos e irmãs. Ao longo destes capítulos, você compreenderá o impacto que essas relações exercem sobre sua feminilidade e perceberá que os rótulos que lhe foram atribuídos precisam ser constantemente revisados, para que não se tornem uma marca fixa ao longo da vida.

O vínculo fraterno — ou fratrias — é um dos mais poderosos emocionalmente, com a capacidade de moldar profundamente seus relacionamentos futuros — seja com amigos, cônjuges, pais ou colegas de trabalho. Estudos comprovam que os padrões das relações fraternas tendem a se repetir dentro do contexto do casal, o que nos alerta para a importância de estarmos atentas a essas dinâmicas, reconhecendo como os ciclos de construção e reconstrução influenciam nossos vínculos.

Capítulo 6

Filha mais velha, do meio, caçula ou única

Todas somos moldadas e definidas pelas experiências da vida, e a construção pessoal exige tempo. Mesmo que passemos por lutas ou decepções em qualquer área, há algo que jamais deve ser questionado: já nascemos femininas! A cultura pode distorcer essa essência, mas o óbvio permanece incontestável.

Para entender nossa construção como seres humanos, é essencial voltar ao início, ao seio familiar, onde tudo acontece e se forma. Nesse contexto, surgem perguntas importantes: Como é sua relação com seus irmãos? Como a ordem de nascimento influencia sua vida? As diferenças entre você e seus irmãos reflete a beleza da singularidade de cada um ou esconde uma competitividade velada? Essas respostas moldam profundamente suas relações com os outros.

Em minha busca por conhecimento, realizei estudos sobre a importância das fratrias — nome técnico para as relações entre irmãos — e suas influências ao longo da vida. Há mais de vinte anos, desenvolvi uma pesquisa técnico-científica sobre o assunto, publicada em artigos e revistas especializadas, mas somente agora, para este tempo, resolvi abri-la com mais detalhes neste livro.

Hoje, após décadas de aplicação prática, cheguei a conclusões reveladoras, que explorarei neste e nos próximos capítulos: relacionamentos saudáveis entre irmãos geram benefícios que vão muito além do vínculo familiar, impactando diretamente sua vida e a de seus filhos. Em contrapartida, relações conflituosas ou distantes criam lacunas difíceis de preencher, afetando diversas áreas da convivência. Por isso, reatar os laços fraternos é essencial, pois eles não apenas fortalecem os vínculos familiares, mas também contribuem para o sucesso de outros relacionamentos pessoais, muito além do que você imagina.

Laços fraternos e o impacto ao longo da vida

Os psicólogos da terapia familiar, como Edith Tilmas, James Dobson e Marcel Rufo, passaram a se interessar pela dinâmica das relações fraternas ao perceberem que, quando uma criança começava a fazer progressos na terapia e diminuir os sintomas, outra, da mesma família, passava a apresentar questões a serem tratadas. Até aí, tanto os teóricos quanto os leigos estavam olhando apenas para as relações de casal e dos pais com filhos, mas a influência das fratrias provou ser mais significativa do que se imaginava. É no convívio com irmãos e familiares que o eu começa a se formar, definindo o perfil e os papéis que cada pessoa desempenhará ao longo da vida.

O vínculo fraterno se constitui, teoricamente, em um dos vínculos que mais tem o poder emocional de modelar a história dos relacionamentos futuros com outras pessoas, tais como amigos, pais, colegas de trabalho e, acredite, até no casamento. Isso significa que muitos dos adjetivos que cada irmão venha a ter — positivos ou negativos — terão influência nos papéis que irá desempenhar em seus relacionamentos futuros, principalmente no contexto conjugal.

Uma das primeiras perguntas que faço ao ouvir um casal é sobre a ordem de nascimento. Muitas vezes, nem preciso perguntar; pela queixa apresentada, já consigo identificar se são filhos mais velhos, do meio, caçulas ou únicos. Por exemplo, quando um filho primogênito se casa com uma também primogênita, ambos tendem a assumir responsabilidades e a serem proativos. Já uma irmã que desempenhou o papel de pai ou mãe devido à ausência de um dos pais, geralmente se torna líder e tende a escolher cônjuges que se ajustem ao seu estilo — o que não é positivo.

É no convívio com irmãos e familiares que o 'eu' começa a se formar, definindo o perfil e os papéis que cada pessoa desempenhará ao longo da vida.

Ao longo da vida, a proximidade e a dinâmica entre irmãos mudam, refletindo os ciclos das várias fases pelas quais passam. Na infância, predomina a alternância entre cooperação e rivalidade; na adolescência, as transformações e conflitos são mais intensos; e, na vida adulta, ocorre um reequilíbrio, com as relações muitas vezes sendo fortalecidas pela união. O estudo desses vínculos familiares é essencial para compreender como as relações fraternas influenciam a vida emocional e os relacionamentos futuros.

Rivalidade entre irmãos

A rivalidade entre irmãos raramente acontece sozinha, e é importante compreender por que eles podem se tornar o melhor amigo ou o pior inimigo. Quando um novo irmão chega, é natural o mais velho reagir com agressividade ou regressão, que tende a diminuir com o tempo. No entanto, o caçula, quando cresce, também sente ciúmes e admira o mais velho, muitas vezes, copiando-o. Os ciúmes podem ser recíprocos quando o mais velho sente que os pais preferem o caçula, e o menor inveja a liberdade do irmão maior. Esses sentimentos podem se intensificar na adolescência, caso um acredite que é menos amado que o outro, criando um cenário mais explosivo.

Além disso, cada filho clama por ser visto de forma única, e os pais precisam valorizar os talentos individuais deles para incentivar o crescimento de todos e evitar maiores problemas. A rivalidade surge quando os irmãos buscam ser vistos de forma singular perante os olhos dos pais e, por isso, muitas vezes adotam inconscientemente atitudes opostas ao outro: se um se torna mais extrovertido, o outro fica mais introvertido, ou quando um é mais paternalista, o outro se torna mais infantil. Isso acontece para que cada um tenha um lugar "extraordinário" no seio da família e para que o brilho de cada um seja apreciado aos olhos dos pais. Não foi assim em sua casa?

Os filhos tendem a ser mais cooperativos entre si em famílias onde os progenitores não têm a ideia rígida de que eles nunca podem brigar. Contudo, é importante que os pais se lembrem de que, mesmo nos momentos difíceis, os conflitos podem contribuir para o crescimento de todos.

A rivalidade surge quando os irmãos buscam ser vistos de forma singular perante os olhos dos pais e, por isso, muitas vezes adotam inconscientemente atitudes opostas ao outro.

Isso também acontece no momento da punição, especialmente quando um filho é mais agitado e outro, mais quieto. Pais que aplicam os mesmos castigos podem não obter os resultados desejados, pois, para o extrovertido, ficar no quarto pensando sobre suas ações pode ser uma punição eficaz. No entanto, para o introvertido, essa mesma medida pode ser vista como um prazer.

Mesmo assim, ainda que os irmãos costumem se bater ou discutir, eles também se aborrecem com a ausência um do outro e formam uma defesa contra agressões exteriores. É uma regra velada onde eles reconhecem que podem brigar, mas, caso algum colega da escola os ameace, os irmãos tendem a assumir a mútua defesa e se unem como forma de equilibrar o sistema.

Dobson (2006)[1] aprofunda essa ideia ao realizar um estudo com 35 mil pais para investigar por que algumas crianças demonstram comportamentos mais desafiadores, enquanto outras não. O autor ilustra essa diferença com o exemplo da "criança geniosa", que frequentemente precisa de disciplina rigorosa e é alvo de inúmeras repreensões e sermões. Em contraste, seu irmão mais comportado, o "queridinho da mamãe", aparenta quase polir sua auréola enquanto desfruta da aprovação incondicional dos pais. Mesmo assim, o comportamento moralmente correto é o que sempre precisa ser valorizado.

Em famílias com apenas dois filhos, as diferenças podem ser ainda mais declaradas, pois não há um terceiro membro para suavizar a tensão. Cada filho tenta ser precioso aos olhos dos pais e faz isso tentando afastar o outro ou dedicando-se a ser ainda melhor. Quando esses ajustes são bem manejados, eles seguem se dando bem nas fases seguintes da vida, justamente porque aprenderam a respeitar as características de cada um. Do contrário, conflitos viram um ciclo vicioso.

Na verdade, a relação entre os irmãos não deve ser vista como um que manda e o outro que obedece, pois eles são do mesmo nível hierárquico. Se isso não for respeitado, podem surgir competição, rivalidade, distanciamento emocional e sentimentos de inferioridade.

Quais adjetivos você recebeu em sua família de origem?

Adjetivos familiares, que muitas vezes surgem como rótulos em nossa vida, costumam refletir as experiências dos próprios pais em suas

1. Dobson, James. **Educando crianças geniosas**. São Paulo: Mundo Cristão, 2006.

famílias de origem. Eles projetam sobre os filhos as memórias que têm dos papéis que ocuparam, como o mais velho, o do meio ou o caçula. Por exemplo, se você tem um irmão sério, estudioso e compenetrado, é provável que seja o primogênito; se há um irmão tipo "relações públicas" e cercado de amigos, ele provavelmente é o do meio. E o caçula, que frequentemente é o centro das atenções, tende a ser o mais protegido, geralmente é o que menos recebeu castigo e o que mantém o apelido de infância ao longo da vida.

Características do primogênito

O filho mais velho é o depositário de todas as expectativas realizadas e não realizadas dos pais. É nele que é apostada a honra e o nome da família, deixando o primogênito em uma situação delicada, devido ao excesso de pressão. Mesmo assim, o primogênito lida com isso de maneira surpreendente.

O mais velho é um bom observador e, na fratria, tem a função essencial de manter a memória da família. O primogênito garante, de certa forma, e sem sabê-lo, a nova estrutura familiar presente e futura. Antigamente, ele recebia a herança, "direito da primogenitura". Hoje, continua a ser sensível às delegações de poder, ao recebimento dos legados afetivos e à transmissão de valores familiares.

Às vezes, ele acaba sendo "vítima" dos ideais familiares que certos pais projetam justamente durante sua adolescência. O primogênito tende a estar mais sintonizado com os valores adultos e, geralmente, é mais dependente da família. Isso significa que ele pode adotar os valores do lar em detrimento de seus próprios, além de dar grande importância à aprovação dos pais. Essa tendência também se aplica aos filhos únicos.

O primogênito normalmente anda e fala mais cedo, em parte devido ao zelo excessivo dos pais inexperientes. Essa atenção especial pode fazê-lo sentir-se importante no mundo, enquanto os irmãos mais novos geralmente enfrentam um ambiente mais descontraído. Com isso, o primogênito desenvolve características como responsabilidade, confiabilidade, perfeccionismo e conservadorismo.

No entanto, o perfeccionismo frequentemente o coloca em um ciclo de autoexigência, gerando frustrações. Ele pode ter dificuldade em pedir desculpas, pois luta para admitir seus próprios erros. Para crescer, o primogênito precisa aprender a superar o perfeccionismo, aceitando tanto a si mesmo quanto os outros como são.

Rufo (2003)[2] aconselha os pais a permitirem que o primogênito viva plenamente sua infância, com direito a medos, cansaços e fantasias, evitando sobrecarregá-lo com responsabilidades que podem gerar distúrbios futuros. Ele destaca também que, enquanto o irmão mais velho tende a oferecer bons conselhos e guardar troféus que simbolizam conquistas familiares, a irmã mais velha, com seu vínculo afetivo único, preserva tradições e memórias, mantendo objetos que remetem à maternidade e à história familiar, como receitas e itens pessoais das gerações anteriores.

Características do filho do meio

O filho do meio desenvolve habilidades excepcionais de negociação, resultado de sua posição entre o mais velho e o mais novo, o que exige que se comunique com ambos de forma habilidosa. Ele frequentemente atua como mediador, adaptando-se a diferentes situações de forma brilhante.

O filho do meio sente-se prensado entre um irmão grande e outro pequeno. Em geral, possui aptidões brilhantes como negociador na vida profissional, e isso é explicado pelo fato de estar dividido entre dois

2. Rufo, Marcel. **Irmãos**: como entender essas relações. Rio de Janeiro: Nova Fronteira, 2003.

tipos de cumplicidade, que pode, de uma hora para outra, transformar-se em rivalidade.

Ele busca proximidade com o mais novo, imitando comportamentos semelhantes para criar uma conexão, enquanto tenta também estabelecer laços com o mais velho, aspirando parecer-se com ele. Quer, por exemplo, participar de jogos que ainda lhe são acessíveis, já que não sabe ler, ao mesmo tempo em que pede para ir à escola, embora não consiga abandonar seu ursinho nem por alguns minutos.

Filhos do meio geralmente vão para os extremos: ou solicitam seu território de forma clara e abrupta ou transitam na borda da invisibilidade.

Leman[3] afirma que o filho do meio tende a fazer amizade facilmente e é muito leal aos relacionamentos. São, em geral, os parceiros conjugais mais fiéis, tendo baixo índice de infidelidade. Entre as características mais comuns do filho do meio está o fato de questionar as regras familiares, onde, muitas vezes, apresenta um sintoma comportamental, justamente por ser sensível às coisas que acontecem ao seu redor. Apoia-se e se espelha no mais velho ou nos pais e mantém firmemente a opinião sobre aquilo que acha certo. Sente-se responsável por avisar quando algo não está bem, tanto na área familiar como na profissional e pessoal.

Geralmente, eles podem levar a vida com certas dificuldades caso não filtrem o excesso de estresse que afeta sua rotina. Tendem também a valorizar-se segundo o que o grupo pensa, mesmo aparentando ter sua própria opinião — que lhes parece ser irretocável.

É bem característico do filho considerado "sanduíche" desejar negociar um problema hipotético, antes mesmo de se tornar real. Ainda assim, é muito persistente e, quando surge um problema, trabalha com afinco para resolvê-lo, mesmo não apreciando situações difíceis.

Graças à sua diferença de idade com o mais velho, ele não tem outra escolha a não ser mostrar-se inventivo e buscar ocupar seu lugar.

---

3. LEMAN, Kevin. **O sexo começa na cozinha**. São Paulo: Mundo Cristão, 2001.

Características do filho mais novo

O filho mais jovem geralmente encara a vida com leveza, mesmo em dificuldades. Muitas vezes, ele é charmoso, jeitoso na fala e pouco inclinado à responsabilidade. Sua chegada marca o fim da linha para os pais, que já têm maturidade para reconhecer que ele é o último, e por isso frequentemente o cercam de cuidados ou se mostram mais indulgentes devido ao cansaço decorrente da criação dos mais velhos.

As atenções e gestos afetuosos dos pais para com o caçula deixam os outros filhos com raiva, causando brigas, porque, inconscientemente, adorariam enroscar-se na mãe ou rolar com o pai como antes, mas, agora, com os braços grandes e as pernas compridas, seria constrangedor.

A exemplo de José do Egito (cf. Gênesis 37 a 50), o caçula provoca mudanças na dinâmica familiar e tende a ser mais desprendido, buscando quebrar regras, ainda que sinta dificuldade em se afastar do núcleo pela lealdade aos pais. São capazes de compensar qualquer desconhecimento com charme. O irmão caçula tem uma vantagem enorme sobre os filhos únicos: ele tem uma referência para construir o futuro, pois o ato de ter mais irmãos, capacita-o naturalmente para a vida.

Pesquisas, como a de Frank Sulloway,[4] apontam os caçulas como agentes de mudança, diferentemente dos primogênitos que mantêm o *status quo*. Enquanto os filhos do meio destacam-se pela criatividade em negociações, os caçulas tendem a atrair atenção e buscar o que querem, mesmo sem grande disciplina. Seu jeito, porém, desarma qualquer um e os torna divertidos e queridos nos ambientes.

Acostumados a depender dos mais velhos, os caçulas precisam de incentivo para se tornarem independentes. No casamento, podem delegar tarefas ao parceiro, exigindo ajustes no convívio. Apesar das rivalidades,

4. SULLOWAY, Frank. **Vocação, rebeldia e ordem de nascimento**: a dinâmica familiar e vidas criativas. Nova York: Vintage, 1997.

o caçula frequentemente valoriza o mais velho, usando-o como referência para o futuro. Sua natureza impulsiva e despreocupada reflete uma atitude de "faça agora, pense depois", característica que o capacita a enfrentar a vida de forma adaptável e otimista. Em geral, o caçula não é mal-intencionado ou maldoso. É um indivíduo divertido e despreocupado, e que muitas pessoas gostam de ter por perto.

Filho único: mitos, realidades e singularidades

O filho único é comparado a um primogênito amplificado, apresentando características similares, mas em grau três vezes mais acentuado, impondo padrões elevadíssimos para si mesmo, os quais leva para o casamento e a paternidade, sendo extremamente confiável e consciente.

Apesar de mitos antigos que o consideravam egocêntrico e mimado, pesquisas recentes desmentem essa realidade e mostram que muitos filhos únicos possuem grande iniciativa, sólida autoestima e são bem-sucedidos, como Steve Allen, Brooke Shields e Dr. James Dobson.

Respeitando as individualidades

Independentemente de ser a irmã do meio, a caçula, a mais velha ou a única, o foco maior é salientar aspectos da sua individualidade, percebendo que você não é superior nem inferior aos demais irmãos, apenas diferente.

Embora seja útil observar padrões, os rótulos podem nos simplificar excessivamente. Como destaca Rufo,[5] cada criança é única, e o lugar na família é apenas um entre os vários fatores que moldam a nossa

5. Rufo, 2003

personalidade. O essencial é respeitar as individualidades, sem comparações ou estereótipos, para que nos sintamos amadas e aceitas por quem realmente somos.

Perguntas para reflexão

1. De que maneira os relacionamentos com seus irmãos influenciaram sua formação pessoal e escolhas de vida?

2. Como os rótulos ou expectativas atribuídas a você em sua família de origem moldaram sua personalidade e suas relações interpessoais?

3. Você acredita que as características associadas à ordem de nascimento refletem sua experiência ou há fatores individuais que se destacam mais na sua história?

Capítulo 7

É hora de aprender algo novo

Acredito no potencial humano de ir além de rótulos e classificações fixas. Por isso, tenho certa resistência a testes que tentam nos enquadrar em categorias limitadas. Não creio que fomos feitas para nos conformar com definições predefinidas, como ser isso ou aquilo. Mesmo as cinco linguagens do amor, embora declaradamente úteis, só têm impacto real quando verbalizadas. Sem comunicar claramente nossas intenções, os gestos, como pedidos de perdão ou expressões de amor, perdem o efeito.

Tudo o que escrevi no capítulo anterior é para reforçar que nada do que foi dito sobre você precisa ser seguido rigidamente, em qualquer idade. É hora de abandonar rótulos e se abrir ao novo. Acredito que não podemos vincular o comportamento de uma pessoa ao seu passado, pois isso a limita e impede de revelar o que há de mais belo dentro dela. Todos mudamos com o tempo, assim como uma viagem, ainda que feita aos mesmos lugares e com as mesmas pessoas, nunca é exatamente igual. Novas etapas da vida, como casamento ou maternidade, vão nos conferindo perspectivas inéditas e permitindo explorar diferentes facetas de quem somos.

Sabe-se que até os 20 anos, todas nós recebemos alguns adjetivos bons e ruins construídos através da família de origem. Após esse tempo, a pessoa entra na vida adulta e constrói sua própria história e família, mas é geralmente aos 42 anos, o momento em que a mulher costuma fazer uma revisão clara de seu passado e uma projeção para o futuro, onde mudanças emocionais acontecem. Esse balanço entre mudar ou permanecer igual começa a virar pauta dentro de si, e é nessa hora que olhar para as relações fraternas deve ser encarado com mais importância. É fundamental ajustar nosso modo de ser, desenvolvendo características que ainda nos faltam. E adivinha quem as possui? Nossos irmãos. É isso mesmo. Você precisa aprender a usar características que eles têm, assim como eles precisam usar o que você tem. Se vocês se dão bem, esse crescimento beneficiará a todos, além das futuras gerações.

Esse processo, conhecido como "ego auxiliar", pode nos levar a um equilíbrio emocional maior, permitindo que nossa feminilidade floresça e transborde em sua máxima potência. Afinal, o que nos falta pode ser complementado por nossos irmãos, mesmo que os critiquemos por não possuírem aquilo que achamos (ou não) importante.

As experiências vividas em família moldam quem somos de maneiras que nem sempre percebemos. Como disse, nossos irmãos, em especial, exercem um papel único nesse processo, pois atuam como espelhos e fontes de aprendizado. É com eles que experimentamos os primeiros conflitos, aprendemos a ceder e descobrimos o valor da convivência. Mais do que isso, são eles que muitas vezes nos desafiam a sair de padrões repetitivos e explorar novas formas de ser, despertando características que podem estar adormecidas em nós.

É hora de abandonar rótulos e se abrir ao novo.

Como fazer isso na prática?

Se você é extrovertida, experimente o impacto transformador de momentos de silêncio. Se é reservada, permita-se expressar mais e observe como você é surpreendente. Se agiu de forma exageradamente responsável ao longo da vida, talvez possa aprender a relaxar e viver com mais tranquilidade, tal qual outro irmão age. Se nunca soube o que é ter paciência, tente aprender com a irmã que sempre foi mais comedida.

Essas dinâmicas nos ensinam a explorar diferentes facetas de nós mesmas, aprendidas com os irmãos. Ao exercitá-las, podemos também questionar lealdades invisíveis à nossa família de origem, que frequentemente nos mantêm presas a velhos padrões. Esse questionamento permite explorar diversas maneiras de ser e de nos relacionar.

Convivi com meu poema antes de escrevê-lo, ou seja, as reflexões sobre feminilidade e relações fraternas nasceram de uma convivência profunda com minhas próprias experiências e sentimentos antes de as formalizar em palavras. No convívio com minhas irmãs, Keyla e Kelli, após os 40 anos, a feminilidade foi despertada em mim com mais força, trazendo equilíbrio e direção para minha vida. Como irmã mais velha, aprendi a me permitir sentir prazer sem culpa e a aliviar compromissos e a autocobrança que me definiam. Percebi que era mais justiceira do que amorosa, tentando moldar os outros segundo o "certo" ou "errado" e carregando fardos desnecessários, por achar que sempre poderia suportar mais. Entendi, enfim, que eu não precisava ser sempre igual.

As relações fraternas são verdadeiros laboratórios para a vida social; é ali no convívio com os irmãos que cada um encontra seu jeito único e especial. Somos como árvores: as raízes, nutridas pelas experiências familiares, simbolizam crenças e valores; o tronco, as escolhas e construções feitas ao longo da vida; folhas e frutos refletem nossos sonhos e transformações. Assim como a poda natural de galhos renova a árvore, as revisões pessoais nos permitem crescer e florescer, tal qual a borboleta amarela de Barbara Willians em seus 42 anos, simbolizando a beleza da transformação.

Quero convidá-la agora a um exercício. No quadro adiante, identifique as características que você precisa desenvolver e que seus irmãos podem ensinar a você. Leia não apenas as suas, mas concentre-se também nas deles, para treinar novos padrões e expandir sua percepção sobre si mesma. Isso a tornará mais completa, pois há traços que somente eles podem acrescentar.

FILHO MAIS VELHO - PRIMOGÊNITO

Qualidades

- Depositário das expectativas dos pais, sendo associado à honra e ao nome da família. Apesar da pressão, lida com isso de forma surpreendente.
- Visto como "o inteligente", "responsável" e "exemplo", além de mediador e comunicativo.
- Guardião da memória familiar, preservando tradições.
- Dá grande importância à opinião dos pais e se preocupa com a união familiar.
- Empreendedor, perfeccionista, confiante e frequentemente ocupa posições de liderança.

Rótulos a serem revisados

- Aprender a dizer não sem culpa e combater o perfeccionismo, que pode gerar abatimento e foco excessivo em falhas.
- Encarar erros como aprendizado, aceitar críticas e evitar a lógica do "tudo ou nada".
- Equilibrar trabalho e relações pessoais, priorizando casamento e filhos.
- Evitar cercar-se de pessoas dependentes ou incompetentes para não assumir sempre o controle.

Curiosidades

- Primogênitos predominam em áreas como engenharia, medicina, direito e tecnologia.
- Dos 23 primeiros astronautas dos EUA, 21 eram primogênitos e 2 filhos únicos.

Para os pais

- Permitir que a criança viva a infância, com liberdade para errar, chorar e demonstrar cansaço.

Fonte: RIZZARDI, Karine. Características de personalidade do primogênito, filho do meio e caçula e suas influências ao longo da vida. **Revista Práxis Evangélica**. Ftsa: Londrina, n. 16, 2010.

FILHO DO MEIO

Qualidades

- Desenvolve habilidade em negociação, pois interage de forma distinta com o mais velho e o caçula, tornando-se ótimo mediador (filho "sanduíche").
- Apesar de não parecer solidário na adolescência, essa qualidade aflora mais tarde.
- Usa a habilidade de negociação no trabalho e é leal nos relacionamentos.
- Questionador das regras familiares, mantém opiniões firmes e aponta problemas na família ou profissão quando algo não vai bem.
- Vaidoso, criativo e gosta de aplausos, demonstrando inventividade.

Rótulos a serem revisados

- Evitar que a habilidade de negociação se transforme em uma postura excessivamente competitiva.
- Filtrar melhor o excesso de estresse, impedindo que ele prejudique a rotina.
- Moderar a forma imperativa de expor opiniões, desenvolvendo maior abertura para ouvir os outros.
- Reconhecer que, embora tenha opiniões firmes, tende a buscar validação pelo grupo e precisa reforçar sua autoconfiança.

- Parar de sofrer antecipadamente por problemas que talvez nem se concretizem.
- Reconhecer e valorizar seu próprio brilho. Mesmo tendo crescido "no meio", ele já conquistou seu território.

Curiosidades

- Inspira-se nos pais ou no irmão mais velho.
- Tem baixo índice de infidelidade e tende a levar mais tempo para se encontrar na profissão.

Fonte: RIZZARDI, Karine. Características de personalidade do primogênito, filho do meio e caçula e suas influências ao longo da vida. **Revista Práxis Evangélica**. Ftsa: Londrina, n. 16, 2010.

FILHO CAÇULA

Qualidades

- Divertido e cativante, é alguém que os outros gostam de ter por perto.
- Tem um coração generoso e costuma ser muito amoroso.
- Desafia o *status quo* familiar, frequentemente quebrando regras para expor aspectos ocultos da dinâmica familiar.

Rótulos a serem revisados

- Superar a ideia de que "se criam sozinhos" porque os pais estavam cansados ou os paparicaram por serem os últimos.
- Assumir responsabilidades com iniciativa própria, sem perder a leveza.
- Evitar esperar que os outros façam as coisas por eles.
- Cuidar para não recusar crescer ou terceirizar escolhas importantes.
- Conquistar seu espaço pelo próprio mérito, sem depender apenas de carisma ou amor recebido.

Curiosidades

- Historicamente, muitos revolucionários em áreas sociais, políticas e científicas foram caçulas, assim como José do Egito.
- Grande parte dos comediantes, como Eddie Murphy, Jim Carrey e Billy Crystal, são caçulas.
- O criador do slogan "*Just do it*" da Nike também era o filho mais novo.

Fonte: RIZZARDI, Karine. Características de personalidade do primogênito, filho do meio e caçula e suas influências ao longo da vida. **Revista Práxis Evangélica**. Ftsa: Londrina, n. 16, 2010.

FILHO ÚNICO

Qualidades

- Apesar de serem vistos como egocêntricos e mimados, estudos apontam que os filhos únicos possuem características semelhantes às dos primogênitos, porém mais intensificadas.
- Tendem a impor altos padrões para si mesmos, levando esse perfeccionismo para o casamento e a criação dos filhos.

Rótulos a serem desconstruídos

- Não é melhor ou pior ser filho único; é apenas uma dinâmica diferente.
- Aprender a lidar com frustrações e a dividir espaço é essencial, já que, geralmente, desejam que tudo siga à sua maneira.

Fonte: RIZZARDI, Karine. Características de personalidade do primogênito, filho do meio e caçula e suas influências ao longo da vida. **Revista Práxis Evangélica**. Ftsa: Londrina, n. 16, 2010.

Perguntas para reflexão

Agora que você já conhece o esboço geral sobre as fratrias, é hora de personalizar seu estilo. Reflita e responda às perguntas abaixo com sinceridade:

1 Cite três virtudes suas que seus irmãos ou irmãs poderiam aprender com você.

a.

b.

c.

2 Enumere três virtudes de cada um de seus irmãos, independentemente do tipo de relacionamento que você tem com eles. *Lembre-se: foque em virtudes, não em opiniões.*
Nome de um:

a.

b.

c.

Nome de outro:

a.

b.

c.

3 Quais características seus irmãos possuem que você precisa aprender na etapa de vida em que se encontra? Identifique essas qualidades e permita-se crescer ao adotá-las. *Dedique-se a expandir seu modo de ser, incorporando essas virtudes. Com o tempo, aprecie os resultados desse processo de transformação e aprendizado.*

Feminina

Capítulo 8

Onde foi que você caiu?

Sabia que, até os 5 anos, toda criança já experimentou os sentimentos que tentamos poupar nossos filhos de viver? Rejeição, abandono, humilhação e exclusão fazem parte dessa fase. Embora não nos lembremos conscientemente delas, essas vivências influenciam nossa forma de lidar com a feminilidade e com os papéis familiares ao longo da vida.

Para avançar no processo de transbordo sobre a feminilidade, é essencial olhar para a menina interior e compreender o papel que desempenhamos na família de origem. Nesse sentido, há uma pergunta que se torna crucial: "Quando você era pequena, foi apenas filha em seu âmbito familiar, ou, devido a uma ruptura, morte ou separação dos pais, assumiu o papel de mãe ou de pai?". Se sua resposta for "filha", é um bom começo. Mas, se em algum momento ocupou o cargo do pai ausente ou de uma mãe negligente, é hora de acolher sua menina interna. Sem isso, seu progresso pode estagnar.

Embora cuidar de nossos pais na velhice e na viuvez seja um dever importante, papéis trocados durante a infância podem gerar impactos profundos, como a dificuldade de experimentar uma boa noite de sono ou o prazer genuíno.

Um sinal claro de que mudanças são necessárias é quando um dos filhos se posiciona como vítima. Essa postura pode ser prejudicial para o sistema familiar, já que filhos que sempre obtêm o que desejam costumam crescer necessitando de atenção constante, além de usarem discursos sedutores para atribuir a outros a responsabilidade por seus erros e fracassos. Ainda que sutis, esses comportamentos aprendidos representam riscos. No entanto, até mesmo a vítima pode se libertar ao reconhecer essas dinâmicas, abrindo espaço para histórias mais inspiradoras.

A mudança começa dentro de cada um, portanto permita que o silêncio reflexivo ocupe espaço em seu interior, cultivando sua feminilidade livre de amarras. Reconheça sua singularidade e abandone os rótulos que um dia acreditou carregar: nervosa, avoada, irresponsável ou até mesmo o reflexo de um tio, tia ou avô que eram desqualificados na família. Você perceberá que, quando se torna mais livre, até seus filhos passam a experimentar essa liberdade, de forma que um caminho se abre para uma convivência leve e genuína para todos.

Onde foi que você caiu?

Quando eu era uma menina da terceira série, lembro-me de uma prova de português que envolvia uma música infantil: "Terezinha de Jesus/ Com uma queda foi ao chão/ Acudiram três cavaleiros /Todos três com chapéu na mão...".

A pergunta era muito simples, mas eu não sabia como responder: "Descreva um dia em que você sofreu uma queda". Eu era tão pequena, e nunca ouvira a palavra "queda". O pior é que eu tinha medo de perguntar para a professora. Aquela questão me deixou angustiada, porque todos ao meu redor escreviam suas respostas, enquanto eu permanecia em silêncio, sem saber o que fazer.

Segui adiante, mas logo enfrentei outro desafio, e foi nesse momento que, pela primeira vez, colei em uma prova — ironicamente, foi justamente para escrever o meu nome. Ao entregar a prova, na parte destinada à minha identificação, escrevi algo completamente sem sentido: YLWMAKFDP. Mas o pior foi perceber depois que a menina de quem eu havia colado a resposta também não sabia escrever o nome dela.

Essa história seria engraçada se não fosse o desespero que senti no dia. Mais desesperador ainda é perceber que isso acontece com todas nós se não soubermos avaliar onde foi que nos perdemos em nossa feminilidade plena e integral.

Copiamos nomes que não são nossos e vivemos até hoje como a "Terezinha de Jesus", que com uma queda, foi ao chão. Onde foi que nos perdemos? Quando, afinal, aconteceu a nossa queda? Será que o fato de não sabermos a resposta é justamente o que nos impede de "escrever nosso nome"?

Assim como eu não me chamo YLWMAKFDP, você também nunca será você mesma se não souber identificar onde caiu. Quedas não podem ser ignoradas.

No capítulo 2 de Apocalipse, encontramos um convite para refletir sobre o significado de "queda":

> Conheço as suas obras, o seu trabalho árduo e a sua perseverança. Sei que você não pode tolerar homens maus, que pôs à prova os que dizem ser apóstolos mas não são, e descobriu que eles eram impostores.
>
> Você tem perseverado e suportado sofrimentos por causa do meu nome, e não tem desfalecido. Contra você, porém, tenho isto: você abandonou o seu primeiro amor. **Lembre-se de onde caiu**! Arrependa-se e pratique as obras que praticava no princípio. Se não se arrepender, virei a você e tirarei o seu candelabro do lugar dele. [...] Aquele que tem ouvidos ouça o que o Espírito diz às igrejas [...]. (Apocalipse 2.2-5,7a, grifo meu)

Refletir sobre a queda é reconhecer onde tropeçamos, pois é o primeiro passo para nos levantarmos. No texto que lemos, Deus nos lembra de que, apesar de nossas obras e perseverança, há algo maior em jogo: o retorno ao primeiro amor. Identificar a nossa queda e nos arrepender não nos diminui; pelo contrário, devolve-nos a clareza de quem somos e do caminho que devemos trilhar. Escrever o nosso verdadeiro nome começa com esse ato de honestidade e coragem. Afinal, não é o erro que nos define, mas o que escolhemos fazer depois de reconhecê-lo. Volto à questão: Onde foi que você caiu?

Com Barbara Williams, essa descoberta foi feita de forma impressionante e merece ser relatada neste papel. Como irmã mais velha de três filhas, ela se identificava com a figura paterna, dada a forte afinidade com seu pai. Ele a preparava para a vida profissional, levando-a a lugares e apresentando pessoas que pudessem fortalecer essa área. Como resultado, destacou-se profissionalmente, contudo seu lado feminino, relacionado a aspectos como cuidados com a casa, aparência e vestimenta, ficou estagnado.

Sua mãe era do lar e uma exímia cozinheira, mas as muitas responsabilidades de Barbara a afastaram das relações familiares e a fizeram perder valiosos momentos de reflexão sobre as particularidades do feminino. O distanciamento da mãe intensificou-se aos 17 anos, quando Barbara mudou de religião, rompeu um laço emocional crucial com o materno e passou a namorar um rapaz não aprovado pela mãe.

Você também nunca será você mesma se não souber identificar onde caiu.

A vida seguiu e Barbara se destacou profissionalmente, casou-se e teve filhos. No entanto, aos 42 anos, percebeu que havia negligenciado sua feminilidade em favor de sua mente racional e prática. Sua casa era a mesma e ela nunca investia em cuidados extras. Seus cabelos, unhas, roupas nunca consistiam no foco de sua atenção, falar sobre assuntos femininos era entediante demais e preferia sempre acompanhar as conversas dos homens.

Quando sua irmã Helena sugeriu encontros nas sextas-feiras, Barbara se sentiu acolhida de uma forma especial. Embora tenha ficado um pouco constrangida ao vê-la toda arrumada, percebeu-se profundamente amada.

Sua irmã a abraçou, cuidou e ajudou a resgatar os elementos perdidos de sua feminilidade, mudando significados, já que, antes, erroneamente, Barbara se enxergava apenas como inteligente, responsável e se orgulhava de ser reconhecida dessa forma. Isso era valioso, mas já era tempo de mudar, de incorporar outros elementos à sua personalidade, como um olhar mais atento ao feminino.

Para aumentar ainda mais sua percepção — considerando que Deus trabalha com precisão —, certa noite, Barbara recebeu uma ligação de sua outra irmã. A conversa tomou um rumo tão profundo que, no banho da verdade, ela despertou. Sara, a irmã caçula, era um pouco diferente de Helena. Ambas eram amorosas, mas a mais jovem era do tipo que dizia verdades sem medo e Barbara precisava das duas coisas: o afeto de uma e a franqueza da outra.

— Onde foi que deixei minha feminilidade travar? Onde foi que eu caí? Em qual momento da vida achei mais bonito ser mais masculina do que feminina? — perguntou.

Em rápida análise, Sara respondeu que Barbara não se vinculava aos outros e vivia apenas no círculo profissional, sem trocas emocionais. Além de trabalhar excessivamente.

Refletindo sobre essas palavras, Barbara perguntou o que deveria fazer, pois queria mudar, mas não sabia como. A caçula respondeu de forma objetiva, porém com muito amor:

— Se vira, Barbara. Vá atrás de suas respostas. Ligue para a nossa mãe e conversem para tentar descobrir quando foi que você se desconectou de tudo o que é feminino.

Barbara seguiu esse caminho e, juntas, mãe e filha conversaram longamente ao telefone, chegando à conclusão de que, desde o momento em que ela não se sentiu apoiada em seus sinais de autonomia — ao mudar de religião e ao ter um namoro não aprovado pela mãe — desconectou-se do materno e, consequentemente, do feminino.

Sua mãe reconheceu que também havia se distanciado de sua própria fé ao perceber o afastamento da filha. Embora continuassem se relacionando, ambas perderam algo essencial no processo. A resposta para o questionamento de Barbara estava clara: a desconexão com o feminino se deu quando o apoio emocional e espiritual da mãe foi interrompido, e isso impactou sua identidade. Como mãe e filha, ambas precisavam reconectar essas áreas para restaurar o que havia sido perdido.

Depois de entender onde se desconectou do feminino, Barbara queria a cura imediatamente. Então pediu à mãe que fosse até sua casa orar por ela, a fim de ajudá-la a viver plenamente sua feminilidade. Sua mãe, embora concordasse, disse que iria em outro momento, pois já era tarde. Determinada, Barbara insistiu, dizendo que não queria esperar e, se necessário, iria lá. Indagou enfaticamente: "O que me impede de ser curada hoje?"; e com urgência pediu que sua mãe fosse logo, desejando ser restaurada naquele momento.

Minutos depois, a mãe chegou com um presente: uma caixa de pétalas de sabonete, que havia comprado naquele dia sem entender o motivo. O aroma agradável logo tomou conta da sala, e teria um significado especial mais tarde.

Barbara reuniu as filhas para testemunharem a oração que sua mãe faria, mesmo sem experiência, já que, por serem de religiões diferentes, tinha outro modo de falar com Deus. Como o marido e o pai estavam ocupados em uma reunião, o momento parecia ideal para aquelas mulheres da família.

A oração foi simples, mas completa: "Minha filha, você sempre foi feminina. Por alguma razão, você e eu nos desconectamos emocionalmente, mas hoje oro para que você se aproprie de tudo o que sempre pertenceu a você, mas do qual nunca usufruiu. Como sua mãe, entrego sua feminilidade de volta e desejo que você descubra todas as bênçãos que ela pode lhe oferecer".

Emocionadas, as filhas choraram, e ao fim, todas se abraçaram.

Enquanto eu ouvia Barbara me relatar os fatos, perguntei que nome daria para um dia como aquele. Então, ela disse:

— Um dia perfeito. Nunca dormi me sentindo tão completa.

Questionei o papel de suas irmãs nesses acontecimentos e ela mencionou que, a partir daquele dia, sentiu desejo de se abrir mais para experimentar prazer e desfrute, o que suas irmãs faziam muito bem e ela não.

Durante minha conversa com Barbara, seus olhos pararam por um tempo, como quem refletia profundamente. Lembrou-se da oração que fizera na poltrona do quarto da filha, antes mesmo dos encontros com sua irmã, quando ouviu que Deus aumentaria suas percepções; e agora via isso se concretizar de maneira clara e reveladora.

Como um sinal revelador, enquanto falava, Barbara se recordou do que havia lido pela manhã em Apocalipse 2.1-7. Ela então levantou três pontos importantes: 1. "Conheço as suas obras, o seu trabalho árduo e a sua perseverança" (lado masculino). 2. "Contra você, porém, tenho isto: você abandonou o seu primeiro amor. Lembre-se de onde caiu!" (relação com a mãe). 3. "Arrependa-se e pratique as obras que praticava no princípio" (ações de feminilidade).

Barbara percebeu que precisava se arrepender de tudo o que negligenciara ao focar exclusivamente na vida profissional. Havia "abandonado" o amor de sua mãe, visto como seu primeiro amor em termos psicológicos (diferente do contexto bíblico, que se refere a Deus), o que a afastara da sensibilidade feminina. Reconheceu que discursos rígidos e excessivamente racionais haviam sufocado partes importantes de sua essência.

A mudança começou com pequenas atitudes. Barbara retomou o prazer de cozinhar, algo descoberto na adolescência; escolheu brincos de ouro em vez de bijuterias; dedicou-se mais ao cuidado do lar; e iniciou exercícios físicos. Essas transformações marcaram o início de um transbordar que continuaria a se expandir, como será detalhado nos próximos capítulos. Barbara não queria apenas ser cheia... ela desejava transbordar.

Todas nós temos um pouco de Barbara Willians dentro de nós. Em algum momento, caímos, acreditamos em mentiras embrulhadas em papel dourado e nos afastamos de nossa essência. Meu conselho, querida leitora, é simples: volte sua atenção à sua família, reconecte-se com seus primeiros amores — pais e irmãos — e descubra onde foi que você caiu. Pense nas situações ou escolhas que a distanciaram do que é genuíno e belo em você.

Assim como Barbara, questione-se: "O que me impede de ser curada hoje?". Arrependa-se, perdoe a si e aos outros e retome o caminho que Deus preparou para você, para que assine seu próprio nome, e não mais YLWMAKFDP, como eu fiz na terceira série.

Relembre os interesses que revelavam sua feminilidade natural e resgate-os com humildade. Há um mundo cheio de maravilhas esperando por você.

Perguntas para reflexão

1. Onde foi que você caiu, e o que isso revelou sobre sua jornada?
2. Quais mentiras ou padrões a afastaram de sua essência feminina?
3. Que passos práticos você pode dar hoje para resgatar sua verdadeira identidade e desfrutar de uma vida plena?

Feminina

Capítulo 9

A caixa de bombons dourados

Conforme escrevi na primeira parte do livro, ministrei quatro cursos-pilotos de feminilidade para grupos diferentes de mulheres, justamente para descobrir o que realmente funcionava para ajudá-las a fortalecer sua feminilidade.

Em um dos encontros onde falamos sobre as mentiras em que acreditamos ao longo da vida, levei uma caixa elegante de bombons importados, embrulhados em papel dourado finíssimo, e perguntei:

— O que essa caixa lhes parece?

Todas responderam que se tratava de bombons apetitosos, finos, numa embalagem muito bonita, de encher os olhos. Depois de ouvir suas respostas, propus o seguinte:

— Decidam o que querem fazer com essa caixa.

A maioria optou por dividir os bombons igualmente. Um grupo, porém, escolheu doá-los a duas mulheres que haviam sofrido agressões.

Após acolher cada decisão, perguntei:

— Vocês já pensaram que esses bombons podem representar as mentiras nas quais acreditamos, e que acabaram de "engolir"? A embalagem está embrulhada em papéis dourados finos, mas esses bombons demonstram a facilidade em cair na mesma armadilha de Eva, sendo seduzida pela aparência encantadora do fruto, atraída pelo erro do A2D — agradável, atraente aos olhos e desejável.

Nossos olhos frequentemente nos enganam e muitas vezes consumimos não apenas um bombom, mas uma caixa inteira dessas mentiras sem perceber. O desafio agora é identificar e desconstruir essas ilusões — mentiras sobre gestão de tempo, feminilidade, masculinidade, papéis familiares e outras frases que escutamos no caminho.

Mar de culpas

Vivemos cercadas por culpas que nos tornam facilmente manipuláveis. É como se um chip mental tivesse sido implantado em nós, liberando diariamente mentiras através de pessoas, notícias e situações que nos aprisionam no medo, na culpa e na escravidão emocional. Esse chip tem um único propósito: implantar inverdades em nossa testa e mãos que, aos poucos, corroem nossa feminilidade, influenciam nossas escolhas e prejudicam nossos relacionamentos.

Nossos olhos frequentemente nos enganam e muitas vezes consumimos não apenas um bombom, mas uma caixa inteira dessas mentiras sem perceber.

Ele opera desde sempre, agindo na mente, com as mentiras que ouvimos, e nas ações, com o que praticamos. Ele nos empurra para dois extremos: sentirmo-nos fracas e incapazes para tudo ou acreditarmos que somos poderosas demais, iludidas por um ego inflado.

O chip está simplesmente cumprindo o propósito para o qual foi programado: corroer, pouco a pouco, os cinco sentidos da nossa feminilidade, até que nossas percepções fiquem distorcidas. Assim seguimos acreditando em mentiras gourmets na área da maternidade, na relação do casal, dos filhos e sobre nós mesmas. O pior é que acreditar em mentiras afeta todas as pessoas de nossa convivência.

Se não treinarmos nossa mente com a Palavra de Deus, não reconheceremos as caixas de bombons dourados que nos aprisionam e engordam nossa alma com enganos atraentes. Lembro-me da minha obsessão por leitura, que, embora positiva, tornou-se exagerada e me fez perder momentos preciosos de desfrute com a família.

A Palavra nos ensina a sermos simples como pombas e prudentes como serpentes, vigilantes contra mentiras. Durante a técnica do bombom com um grupo de feminilidade, uma das participantes saiu da experiência completamente fechada. Quinze dias depois, ela retornou e desabafou:

— Eu não queria voltar aqui. Só vim porque insistiram, mas estou com muito ódio de você, Karine. Evitei lugares onde estaria para não discutir publicamente.

Eu a ouvi com calma, compreendendo que sua raiva não poderia vir apenas dos bombons dourados, então não era comigo, mas com alguma figura de autoridade que a marcou com uma mentira. Perguntei:

— Qual foi a mentira na qual você acreditou? Certamente foi algo dito por alguém importante que acabou moldando sua vida.

Com a ajuda do grupo, ela se lembrou de que sua mãe havia dito que, para ser feliz, ela deveria ser bem-sucedida e nunca depender de um homem, o que a fez acreditar que precisava escolher entre se casar ou ter uma carreira.

Sem perceber, ela viveu leal a essa regra interna, herdando as dores da mãe como se fossem suas. Trabalhamos isso em uma dinâmica, ajudando-a a separar as dores de sua própria identidade.

Discernimento consiste justamente nisso: reconhecer e separar o que nos pertence daquilo que não nos pertence. Fazendo isso, podemos ficar livres de bombons embrulhados em um papel dourado, com aparência de requinte, um toque de *finesse*.

A mentira da falsa culpa

Em outro grupo, no qual realizamos o mesmo experimento, uma mulher que viveu um grande trauma compartilhou sua história. Sua irmã cometera suicídio e deixara uma carta, na qual escreveu que era difícil ter uma irmã tão perfeitinha e continuar vivendo; então decidira morrer porque sentia que não dava orgulho para a família. A tragédia gerou uma culpa tão esmagadora naquela mulher, que a fez se punir emocional e fisicamente, ganhando mais de 15 quilos e, obviamente, comprometendo sua autoimagem e feminilidade.

Vinte anos depois, ela identificou a mentira que a aprisionava: acreditar que sua "perfeição" havia causado a morte da irmã. Trabalhamos com a técnica dos tubos de ensaio, que veremos nos capítulos seguintes, o que revelou o impacto desse trauma em sua vida e mostrou como ela havia se isolado de sua feminilidade. Esse processo foi um divisor de águas e o pontapé para uma jornada de autoconhecimento: ela emagreceu 13 quilos e recuperou sua identidade. Entendeu que a culpa excessiva a impedia de desfrutar a vida, e que isso alimentava autojulgamento e relacionamentos abusivos.

A culpa, além de gerar autopunição, rouba o desfrute. Muitas vezes, passamos a vida sem aproveitar momentos simples, presos a traumas. Pergunte a alguém por que essa pessoa não relaxa, viaja ou se permite descansar, e ela provavelmente terá justificativas muito bem elaboradas, mas todas enraizadas na autocondenação.

Quando estamos presos ao passado, a culpa nos convence de que não merecemos ou não temos valor para viver o que desejamos.

Por isso, tantas pessoas permanecem em relacionamentos abusivos ou situações limitantes.

Lembre-se: o alvo não é a perfeição, é o quebrantamento. Desfrutar é uma ordem, não um luxo. Avalie as áreas da sua vida onde o prazer está ausente — seria por punição de erros ou mentiras em que você acreditou?

É verdade que jamais nos livraremos da culpa, pois ela é um sentimento que nos ajuda a sermos convencidas de nossos erros. No entanto, seu excesso nos paralisa e rouba a alegria de viver. Nesse caso, repito as palavras de Jesus: "Você realmente quer ser curada?" (cf. João 5.6). Se sim, então voa, voa borboletinha amarela!

Como descubro as mentiras nas quais posso ter caído?

Sempre que algo rouba sua espontaneidade, é possível que você tenha acreditado em uma mentira. Elas entram pelos sentidos como uma voz que nos inclina ao erro ou uma visão atraente que nos prende. Ficar longe da Palavra de Deus é o nosso principal erro, pois isso torna as armadilhas ainda mais perigosas, afinal ela deve ser nosso guia central.

Lembre-se: o alvo não é a perfeição, é o quebrantamento.

As redes sociais e distrações modernas nos afastam disso, tornando-nos alvos fáceis de mentiras. Poluímos a mente, em vez de cultivarmos uma feminilidade que transborda para todos ao redor. Entenda que sua maior habilidade será o ponto mais atacado pelas mentiras, pois, se acreditar nelas, perderá seu propósito de vida. Portanto, procure praticar o que diz o versículo 37 do salmo 139: "Desvia os meus olhos das coisas inúteis; faz-me viver nos teus caminhos".

Caí em mentiras: o que fazer agora?

Umas das ideias marcantes do livro *Deuses falsos*,[1] de Timothy Keller, é como ele descreve a "sedução do sucesso". Keller afirma que a "realização pessoal" é o álcool da modernidade, comparando o "vício da realização" à dependência química. Trata-se de uma satisfação passageira, rapidamente substituída pelo medo de ser invisível, o que leva a pessoa a buscar mais conquistas, roubando sua liberdade.

Muitos idolatram fama e poder a ponto de viverem aquém de seu potencial, cegos pela obstinação. É como trocar a paz por um prato de lentilhas. Fama e poder devem ser consequência de preparo, não de deslumbramento. Essa antiga mentira, em trajes modernos, merece reflexão.

1 *Identifique a mentira*

Identificar mentiras exige percepção de si mesma e de suas emoções. Relendo o capítulo "Ressignificando a feminilidade", você verá que cada significado negativo foi uma mentira em que acreditou. Outra pista está no ponto onde você caiu, já explorado no capítulo anterior. Essas referências ajudam a desmontar os muros que a prendiam e deixam você mais livre para o que está por vir. Só de identificar as mentiras, seus poros voltam a respirar e sua alma retorna ao padrão natural de paz.

2 *Perceba o que essa mentira roubou, matou ou destruiu em você*

Quando caímos em uma mentira, perdemos algo precioso: a paz, a doçura, ou até a força que nos sustenta. Mentiras roubam nossa tranquilidade. Os traumas mais profundos podem até tentar

1. Keller, Timothy. **Deuses falsos**: as promessas vazias do dinheiro, sexo e poder, e a única esperança que realmente importa. 1. ed. São Paulo: Vida Nova, 2018. p. 93.

matar o que há de mais puro em nós; perceber o que foi tirado é o que nos dará foco para recuperá-los.

3 *Apegue-se à verdade*
Salomão já dizia que tudo o que fazemos nada mais é do que competir com outras pessoas (cf. Eclesiastes 4.4). Se uma mentira a aflige, estar "escondida" pode ser um presente de Deus, pois é uma oportunidade para se apegar a um versículo que confronte a falsidade com a verdade. Sempre que essa mentira tentar perturbá-la, você pode se revestir da superioridade da Palavra, renovar sua mente e encontrar paz. Fazer isso é desfrutar da liberdade do Espírito e receber revelações que, na correria, passariam despercebidas.

Davi, no salmo 131.2, nos ensina a dar uma ordem simples à alma: acalmar-se, aquietar-se. Essa quietude promove tranquilidade à mente, previne erros, traz sabedoria e nos protege tanto das mentiras que nos seduzem quanto daquelas que assimilamos sem perceber. O encontro com a verdade da Palavra é o método mais eficaz para neutralizá-las.

Uma casinha natural

A vida nos desafia a reencontrar nossa essência, despindo-nos das camadas que fomos acumulando ao longo dos anos. Quando criança, somos como uma casinha de madeira de cor natural, acolhedora, simples e verdadeira. Com o tempo, as influências externas começaram a pintar a casinha: primeiro de verde, depois de azul, roxo e amarelo. Crescemos assim, até a maturidade nos chamar para lixar as cores sobrepostas e revelar a pintura original. Esse trabalho não pode ser feito por outros, é algo que vem da autorreflexão, das leituras bíblicas ou livros cristãos.

Se você se dedicar a essa tarefa, descobrirá a beleza de sua casinha, sem enfeites ou cores que buscam impressionar. Feliz quem se dedica a restaurar a sua verdadeira essência.

Perguntas para reflexão

1. Você consegue identificar uma mentira disfarçada de algo atraente em que acreditou e que acabou por prejudicá-la? Em que área da sua vida isso aconteceu (afetiva, familiar, pessoal, profissional, entre outras)?

2. O que você escuta ou vê, no seu dia a dia, que pode ser uma armadilha, especialmente nas redes sociais?

3. Como podemos nos proteger dessas mentiras e enganos?

Feminina

Feminina

Parte 3

Reconstrução

A terceira parte deste livro vai encantar seu coração. Nela, você entenderá que muitas mulheres adoecem porque pararam de fazer algo naturalmente feminino, que é o "ato de criar". Também compreenderá que usar seus cinco sentidos de forma intencional é como tomar pílulas de superpoderes, que geram cura e conexão, aumentando suas percepções.

Esta parte ganhou um espaço especial em meu coração, porque foi completamente guiada pelos sussurros do Espírito Santo, com pensamentos que nunca ouvira de alguém. Tenho plena certeza de que sua alma também será inundada com essas verdades do Céu.

Capítulo 10

A química da feminilidade

Aqui está o ponto de partida para uma nova construção pessoal. Quero oferecer um guia detalhado para que você se transforme em uma mulher capaz de explorar ao máximo o potencial de sua feminilidade. Porém, para atingir esse objetivo, será essencial entender um pouco do funcionamento cerebral.

Todos nós temos o lado racional e emocional operando simultaneamente, o que significa que, tanto homens como mulheres possuímos características femininas e masculinas funcionando juntas, conforme retratado na imagem da próxima página. O lado esquerdo representa o mais lógico e o lado direito, o mais vívido.[1]

O que nos torna diferentes uns dos outros é o sexo biológico, mas o grande desafio atual é que, cada vez mais, observamos homens com ativações neurais mais emocionais no cérebro e mulheres apresentando comportamentos mais masculinizados. Não me refiro à sexualidade, e sim ao comportamento em geral, no sentido de ambos estarem distantes do design original.

---

1. **Fonte:** https://wallpapercave.com/left-brain-wallpaper.

[**Figura 1:** Lateralidade cerebral e principais atividades]

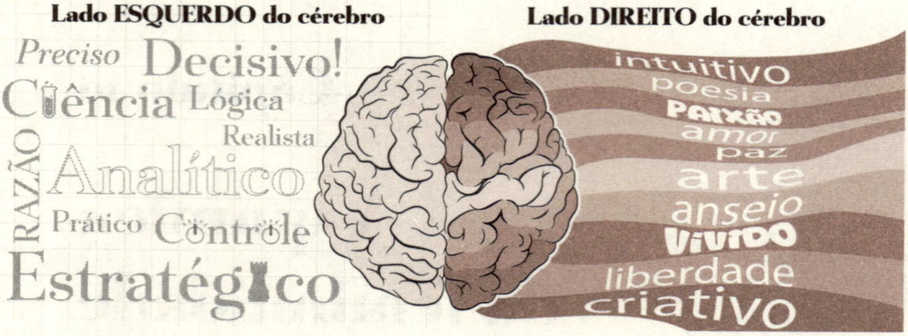

Funções cerebrais específicas do hemisfério esquerdo e o hemisfério direito do cérebro

Quando nossa mente está predominantemente masculina, ficamos mais objetivas, menos detalhistas, ouvimos menos quem nos cerca, focamos mais nos resultados e acabamos perdendo parte da sensibilidade. Isso acontece porque o fluxo sanguíneo se concentra nas áreas mais relacionadas à lógica do cérebro. Esse modo de agir não é errado, já que ambos os lados são essenciais para nosso funcionamento. No entanto, para alcançar equilíbrio, é fundamental que o hemisfério esquerdo (associado à razão) e o direito (ligado às emoções) operem de forma harmoniosa.

Sabe como podemos reconhecer que esse equilíbrio neural está presente? Ao olharmos tudo ao redor e nos sentirmos livres, soltas, felizes, produtivas, realizadas e altamente criativas.

Lembra-se das suas aulas de química? Curiosamente, em uma noite aleatória, eu estava fazendo uma caminhada na esteira e cantando músicas, quando ouvi um sussurro: “Estude sobre química. Há algo para você lá”.

Eu tinha certeza de que aquele raciocínio não vinha de mim, porque eu sempre achei química difícil e, portanto, não era minha área de interesse. Por confiar nesse *feeling*, imediatamente iniciei um estudo sobre essa matéria com olhar de curiosidade. O que descobri foi tão fascinante, que me senti como se tivesse realizado uma grande descoberta científica, algo capaz de transformar minha perspectiva sobre o assunto.

Como você já sabe, feminilidade não se perde, apenas deixa de ser expressa. No entanto, a partir do momento em que olhamos para esse assunto com mais atenção, abrimos janelas mentais que nos ajudarão a explorar pontos mais profundos dentro de nós.

Se quisermos ampliar nossas percepções, precisamos reconhecer que a química está presente em todas as áreas da vida. Ela dá sabor aos alimentos, transforma flores em perfume e está por trás de fenômenos, como a explosão de uma bomba ou o simples ato de ligar uma tomada e acender a luz. A química também se revela quando você se bronzeia ou quando um casal compartilha momentos de intimidade, com as terminações nervosas reagindo ao calor da pele, ao aroma, ao toque e ao sabor dos lábios.

Semelhantemente a um tubo de ensaio, quando um componente químico se mistura com outro, ambos se encontram e pode surgir fumaça, sinalizando que algo incrível aconteceu.

Quando você decide deixar de ser cheia, para ser transbordante, é porque algo químico aconteceu no seu processo neural.

Como explorar a química da feminilidade?

Para qualquer reação química acontecer, é necessário o encontro de três fatores:

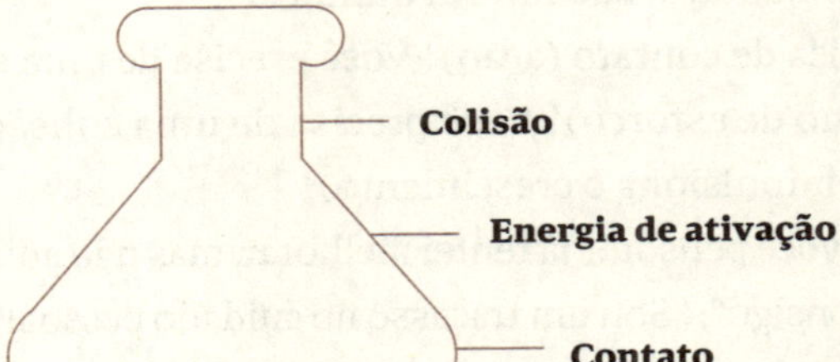

1 *Contato por afinidade* — Sem contato, não há reação química.

2 *Ativação de energia* — É a ação mínima necessária para produzir força suficiente para que algo aconteça, como calor, luz, gás, oxigênio, etc.

3 *Colisão favorável* — Se não houver uma interação clara entre dois elementos, a reação não ocorre, pois é o impacto entre eles que promove a união.

Se não colocarmos esses três elementos funcionando ao mesmo tempo, não teremos o efeito transbordante da química.

Imagine que você não tem muita habilidade na cozinha, mas deseja aprimorá-la. O primeiro passo é se expor ao "contato" com o ato de cozinhar, a fim de ampliar sua experiência. A "energia de ativação" representa o esforço inicial necessário para começar a se aprimorar. Contudo, para que uma reação química real aconteça, é preciso provocar uma "colisão", ou seja, enfrentar um conflito interno que a impulsione a persistir, sem se prender aos resultados imediatos.

Não é hora de avaliar sua performance ainda, e sim ter um contato mais íntimo e persistente com aquilo que você não aprecia, como fazer um curso de culinária e se programar para preparar o jantar quatro vezes por semana. Somente quando a colisão (ação de contato) ocorre, é que novas ligações químicas acontecem e um rearranjo psicológico é feito. Se não houver contato, não haverá química.

Você precisa de contato (ação)! Você precisa de uma energia de ativação (mínimo de esforço)! Você precisa de uma colisão (conflito de angústia que impulsiona o crescimento)!

Se um dia você pensou: "Já tentei melhorar, mas não adianta"; "Fiz mil dietas e não consigo"; "Sou um fracasso no cuidado pessoal"; "Não evoluo no meu lado profissional"; "Sou péssima para entender a Bíblia", apenas recomece, porque isso é o "contato de ativação".

A união desses três elementos é o que impulsionará você a cozinhar melhor, disciplinar-se nos exercícios, ou até mudar seu guarda-roupa, caso ele não a deixe extraordinária. Permita, portanto, que a angústia seja o motor que desperte a força necessária para levá-la ao transbordamento.

Mas lembre-se: não adianta só pensar; é necessário ação, semelhantemente à águia que, ao ver o céu cinza e carregado, aciona ainda mais velocidade, perfura as densas nuvens e voa com mais intensidade, até ver o sol raiando acima.

Você precisa de contato (ação)! Você precisa de uma energia de ativação (mínimo de esforço)! Você precisa de uma colisão (conflito de angústia que impulsiona o crescimento)!

Você explora a química da sua feminilidade quando se dispõe a melhorar as áreas em que tem mais dificuldades, pois, naturalmente, tendemos a nos concentrar apenas nas atividades nas quais nos sentimos mais potencializadas ou realizadas.

Vamos fazer um exercício para deixar esse conceito mais claro:

Separe três cores de lápis de cor, canetas ou marcadores: azul, amarelo e vermelho. Assim como em um tubo de ensaio, alguns elementos sofrem alterações químicas pelo contato e pela energia de ativação, e você usará essas cores para identificar as áreas da sua vida relacionadas à sua feminilidade:

- Nas áreas em que você se sente fria, insuficiente ou que precisa melhorar, pinte de *azul*, representando o gelo.

- Nas áreas em que você se percebe morna, ou seja, nem muito fria nem muito quente, pinte de *amarelo*.

- Nas áreas da sua vida em que você se considera realmente boa, dedicada e atenta, independentemente das circunstâncias, pinte de *vermelho*, sinalizando que a química neural já aconteceu.

Azul – Congelada, fria
Amarelo – Morna
Vermelho – Quente, transbordante

VIDA ESPIRITUAL

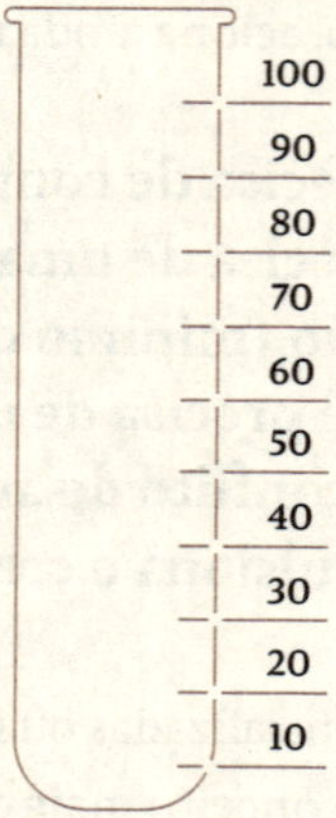

FINANÇAS

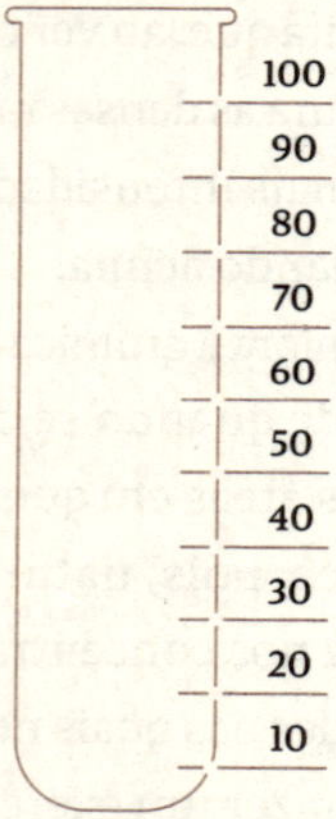

FAMÍLIA (Filhos ou pais)

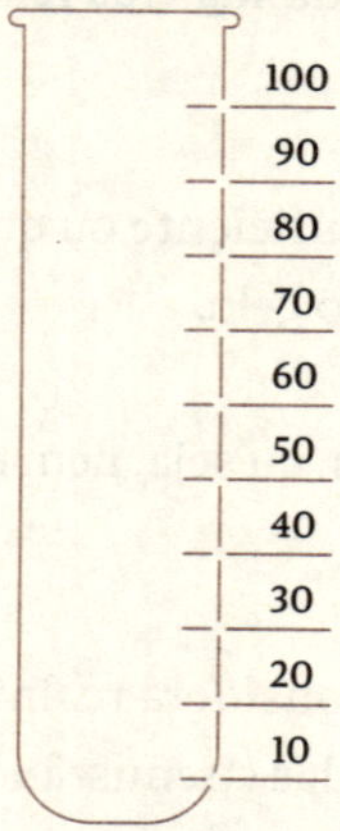

RELACIONAMENTO AMOROSO

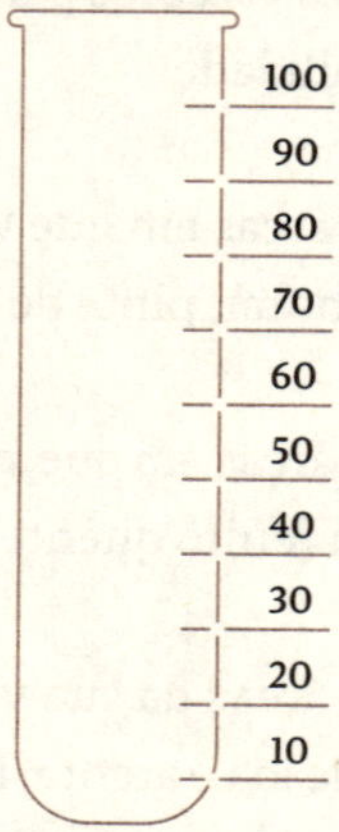

TRABALHO

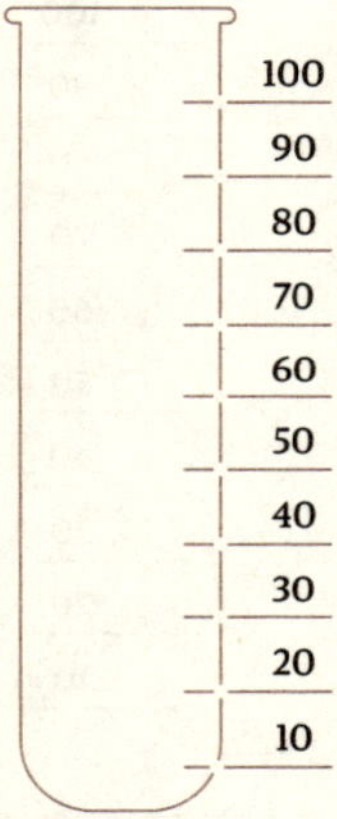

SAÚDE

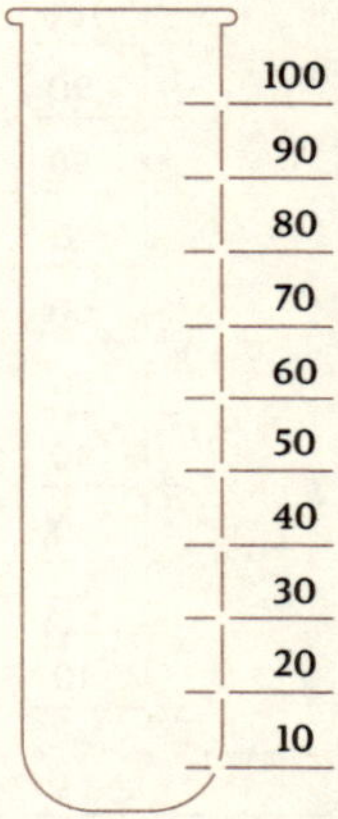

ADMINISTRAÇÃO DE CASA

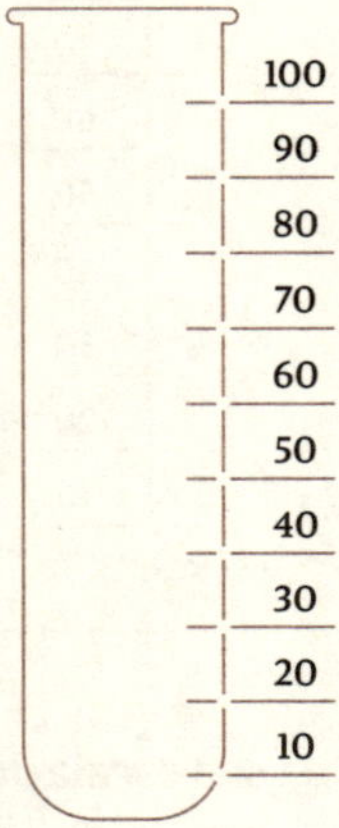

RELACIONAMENTO SOCIAL

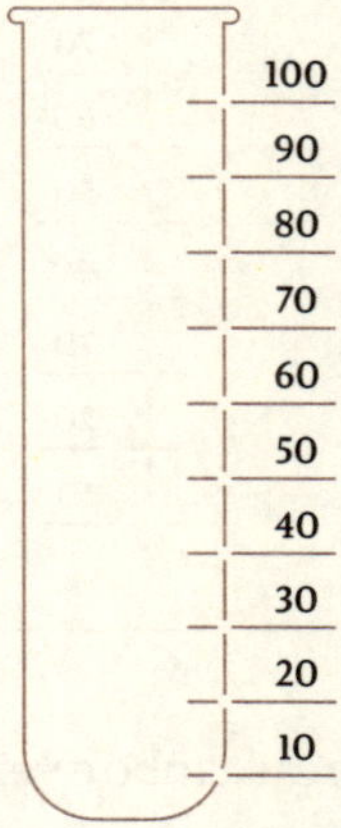

AUTOIMAGEM

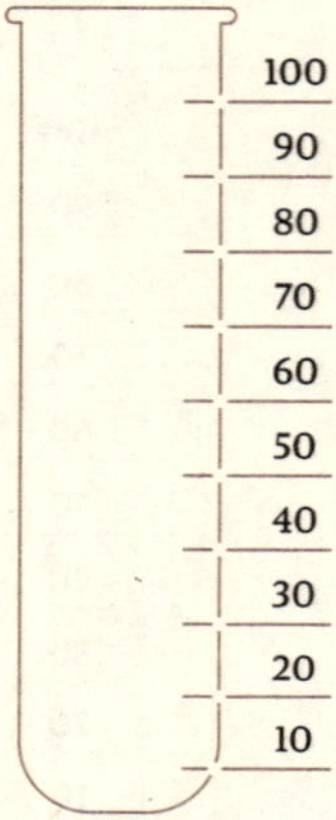

ALIMENTAÇÃO

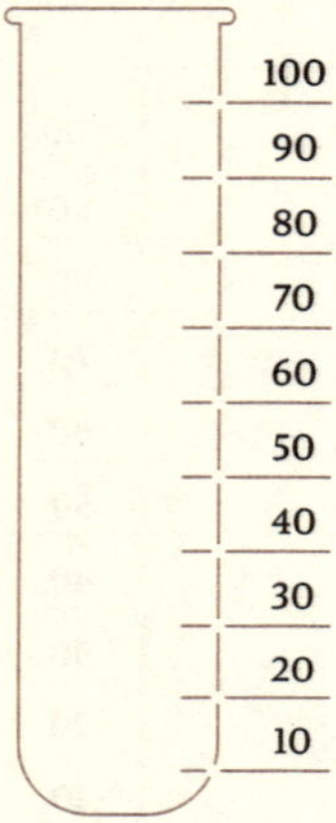

VIDA SEXUAL

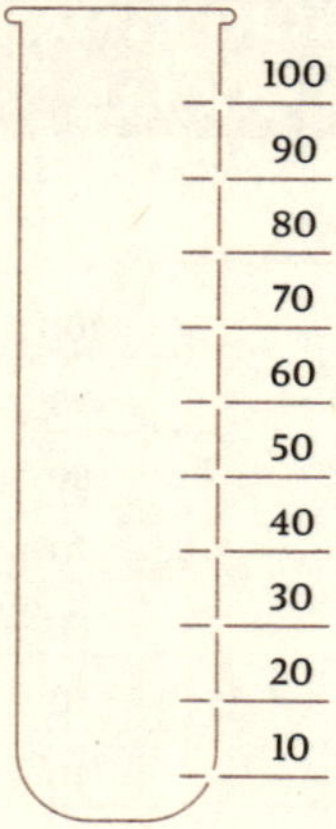

SONO

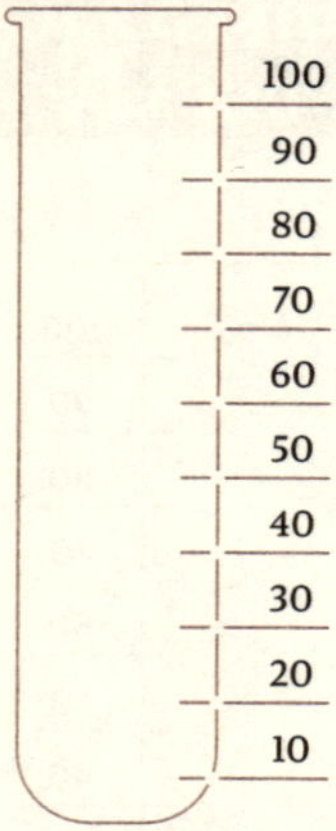

Observe cada tubo e veja qual cor predomina na sua escala de feminilidade. Independentemente do resultado, invista mais força, tempo e contato nas áreas frias e mornas para que você seja mais quente e transbordante.

Sua mente destrava quando você se abre para a química

Às vezes, a vida nos desafia a enfrentar nossas inseguranças e a tomar decisões que nos tiram da zona de conforto. Foi assim que decidi retomar algo que sempre amei fazer na infância, mas que havia abandonado no curso do caminho.

Voltei a dançar aos 43 anos. Entrei em uma academia de música dos anos 1960 e por meses tive ensaios semanais, com um grupo de jovens no qual eu era a "senhora mais velha". Próximo ao evento da apresentação, faltei a inúmeros ensaios, devido a compromissos de viagens e vi o quanto minhas faltas comprometeriam o resultado. Tive de tomar a decisão entre "dançar errado e passar vergonha" ou "desistir para não comprometer o grupo". Ou seja, lançar-me na insegurança ou preferir a covardia.

Ao me lembrar da química da feminilidade e de quanto eu seria morna se desistisse, sem pensar muito, resolvi entrar.

Nunca fiquei tão perdida, a ponto de uma mocinha me avisar que eu estava entrando pelo lado errado. Para quem assistia, deu para ver nitidamente que eu estava destoando do grupo.

Enquanto todos se moviam para a direita, eu seguia para a esquerda. Enquanto todos se abaixavam até o chão, eu me levantava com as mãos para cima. E, sendo a primeira da fila, não havia como olhar para trás e copiar os outros.

Decidi correr o risco e aceitar o preço de não ser boa nem a melhor. Senti-me constrangida, especialmente porque queria agradar meu esposo e minhas filhas, mas os olhares deles pareciam dizer: "O que é que você está fazendo?". Por outro lado, também me senti corajosa, pois não permiti que a angústia me dominasse. Entrei em contato com a dança, ativei minha força de ação e, apesar da colisão não haver terminado bem para mim, senti que tinha ousado tentar.

Ao descer do palco, o primeiro olhar que procurei foi o do meu marido. Minha vontade era de sumir, mas há momentos em que isso simplesmente não é uma opção. Naquela noite, ele me disse algo que ficará gravado para sempre na minha memória:

— O que eu vi você fazendo hoje foi mais lindo do que todas as mil palestras extraordinárias que você já deu.

Fiquei olhando para ele, sem dizer uma palavra... apenas senti. Como pode alguém "acertar" fazendo errado? A resposta é simples: há mais coragem em tentar fazer algo que não dominamos do que em realizar alguma coisa grandiosa apenas porque temos habilidade.

Escolhi compartilhar essa história para mostrar que vale a pena entrar na dança da química feminina e descobrir onde ela poderá levá-la.

E se, um dia, você acordar pensando de forma diferente — mais leve, com menos pesos — não se assuste. Desfrute, ria, caia, erre e siga em frente. Na vida, precisamos ousar e aprender em vez de permanecer na zona de conforto, sem crescimento ou transformação:

> Conheço as suas obras, que você não é frio nem quente. Gostaria que fosse frio ou quente! Assim, porque é morno, nem frio nem quente, estou prestes a vomitar você da minha boca. Você diz: "Sou rico, enriquecime e não preciso de nada". No entanto, não percebe que é infeliz, miserável, pobre, cego e nu. Dou a você este conselho: compre de mim ouro refinado no fogo, para que você se torne rico; compre roupas brancas, para que você se vista e não se manifeste a vergonha da sua nudez; além disso, compre colírio para ungir os olhos, a fim de que possa ver. Eu repreendo e disciplino aqueles que amo. Portanto, seja diligente e arrependase. (Apocalipse 3.15-19)

Como deixar de ser morna e se tornar quente?

1 ***Seja apenas 5% melhor***

Aposte na ideia de fazer pequenos avanços diários, apenas 5% de melhoria por dia. Você pode aprender a administrar suas finanças e estabelecer um negócio lucrativo, ser 5% menos preguiçosa, acordar mais cedo para ler a Bíblia e delegar ou realizar as tarefas domésticas necessárias. Trabalhar com prazer e alegria é possível, em vez de se envolver em inúmeros projetos inúteis que apenas drenam sua energia. Como diz Barbara Willians: "O que impede você de ser curada hoje?".

2 ***Lembre-se de que tudo está nas suas memórias de infância***
Recuse-se a ser morna ou fria. Muitas mulheres se sentem incapazes de lidar com finanças, esquecendo que, na juventude, liam livros para melhorar de vida. Outras acreditam que não são femininas o suficiente para seus maridos, mas se esquecem de que, na infância, a feminilidade já estava lá — quando enrolavam toalhas no corpo, fingindo usar um vestido tomara-que-caia, ou calçavam os sapatos de salto da mãe e se admiravam no espelho.

Algumas mulheres se veem como péssimas mães ou donas de casa, mas se esquecem do quanto amavam brincar de casinha e cuidar de bonecas e ursinhos. É nas memórias da infância que estão guardados os elementos mais preciosos da nossa feminilidade. Talvez seja por isso que sou tão contra dar celulares para crianças na infância.

3 ***Diminua os obstáculos na sua mente e entenda que tudo é simples***
A Bíblia diz em Provérbios 16.32: "Melhor é o homem paciente do que o guerreiro; mais vale controlar o seu espírito do que conquistar uma cidade". Isso significa que a satisfação de vencer a si mesma gera uma descarga dopamínica maior do que a recompensa de um reconhecimento público. Não precisamos buscar desesperadamente grandes conquistas, pois elas virão naturalmente à medida que superamos nossas fraquezas.

Ao fim desse processo, você terá ampliado suas percepções e entenderá por que o mundo frequentemente celebra mulheres exaustas e insatisfeitas: a exaustão rouba delas sua essência. Mas você não será mais vítima dessa armadilha, pois estará plenamente ocupada sendo absolutamente feminina.

Perguntas para reflexão

1. Você consegue identificar exemplos do movimento da química ao seu redor, como o crescimento de um bolo ou a transformação em algum alimento?

2. Há quanto tempo você se relaciona com as áreas frias (azul) e mornas (amarela) da sua vida? Que impactos isso tem gerado no seu dia a dia?

3. O que a impede de ser intencionalmente quente nas áreas em que você pode melhorar? (Lembre-se de não atribuir essa responsabilidade aos outros).

4. Você se lembra de um momento em que suas emoções estiveram em equilíbrio ou harmonia? Como foi essa experiência?

5. O que significa para você: "Os mornos serão vomitados" (cf. Apocalipse 3.16)?

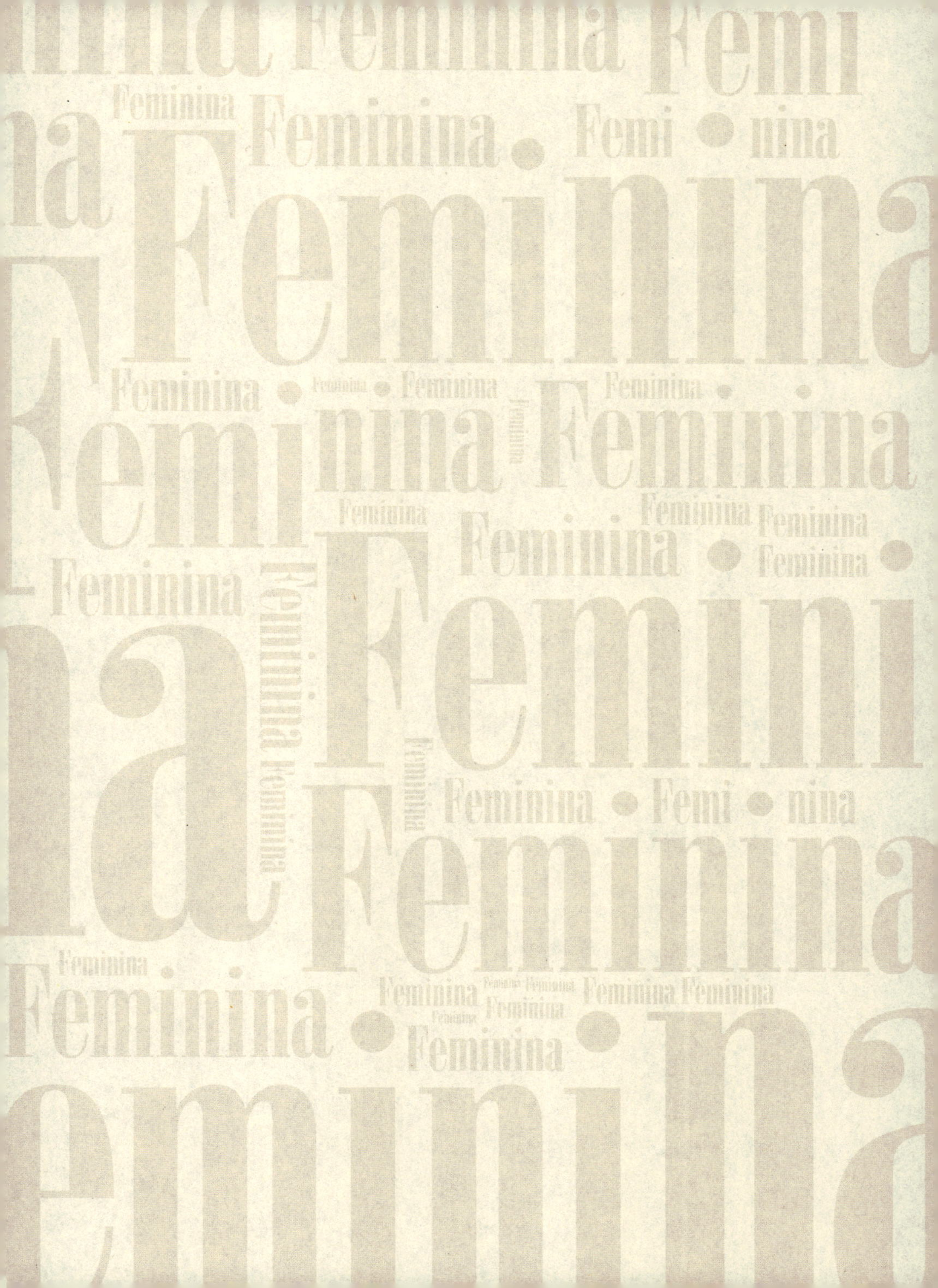

Feminina Femi
Feminina
Feminina • Femi • nina
Feminina
Feminina • Feminina • Feminina
Feminina • •
Femi nina Feminina
Feminina
Feminina Feminina
Feminina • Feminina •
Feminina
Feminina
Femini
Feminina Feminina
Feminina • Femi • nina
Feminina
Feminina
Feminina • Feminina Feminina Feminina Feminina
Feminina
Feminina
Feminina
Feminina

Capítulo 11

Voltando a ser divertida

Apenas dois dias após compreender a química da feminilidade, vivi algo ainda mais fenomenal. Ao acordar, um novo sussurro veio à minha mente: "Qual é o primeiro verbo citado na Bíblia?".

Naquele momento, não tinha certeza da resposta, então fui conferir. Descobri que o primeiro verbo da Bíblia é "criar": "No princípio, Deus **criou** os céus e a terra" (Gênesis 1.1, grifo meu). Li, parei, meditei... Mas continuei sem entender o motivo daquele pensamento. O *insight* surgiu mais tarde, quando me ocorreu a ideia de pesquisar como funciona o ato de criar no cérebro humano. Fiquei surpresa com a resposta: o ato de criar segue um processo semelhante a uma reação química.

Para que alguém crie algo, mesmo que simples, é necessário:

1. *Contato e conexão* com aquilo que se deseja criar.

2. *Energia de ativação* que favoreça a criação — como pensar fora da caixa. Isso estimula conexões neurais diferentes, essenciais para o surgimento de um elemento novo.

3. *Colisão neural*, ou seja, uma explosão química semelhante a uma corrente elétrica, que dá origem a novas ideias.

É nesse momento que pensamos: "Que ideia boa! Como não pensei nisso antes?". Compreender essa teoria não é incrível? A imagem desse estímulo cerebral é comparável aos fractais, partículas que, ao colidirem, geram novas explosões de ideias.

Isso significa que, se foi através do ato de criar que Deus fez o homem e a mulher, então todas nós carregamos uma partícula divina dentro de nós. Esse fragmento nos torna naturalmente criativas, refletindo a imagem e semelhança de Deus.

Criar nos permite viajar nas ideias, sonhar acordadas e assumir, sem vergonha, a identidade ilimitada de pessoa sonhadora. Nossa criatividade não tem limites, assim como a criatividade divina ao conceber maravilhas, como a planta que engole mosquitos ou o peixe que gera eletricidade sem precisar de uma tomada.

É o que uma mulher sente ao inventar um prato novo para sua família. É o que um cientista experimenta ao desenvolver uma ideia revolucionária.

Isso significa que, se foi através do ato de criar que Deus fez o homem e a mulher, então todas nós carregamos uma partícula divina dentro de nós. Esse fragmento nos torna naturalmente criativas, refletindo a imagem e semelhança de Deus.

O real sentido das palavras "criar" e "brincar" é "folgar", "divertir-se". É por essa razão que criar é mais sério do que imaginamos.

Citando Donald Winnicott: "É no brincar, e apenas no brincar, que a criança ou o adulto individual é capaz de ser criativo e utilizar sua personalidade de forma integral, e é somente sendo criativo que o indivíduo se descobre".[1] Ou seja, criar nos faz voltar a essência original de quando fomos formadas.

---

1 Winnicott, D. W. **O brincar e a realidade**. Trad. José Octavio de Aguiar Abreu e Vanede Nobre. Rio de Janeiro: Imago, 1975. p. 79-80.

Não há desculpas para dizer que você não é criativa — o que há é uma mente que não abre espaço para criar. Ter criatividade é uma prioridade tal qual Deus teve ao criar o dia, a noite, o céu, a Terra, o mar, plantas, vegetação, sementes segundo a sua espécie, bem como todas as partículas do nosso corpo e a beleza das galáxias e corpos celestes. Ele parou para "criar" e depois parou para "descansar". Não podemos nós fazer o mesmo?

Quais são os efeitos na vida de uma pessoa que se dispõe a ser mais criativa intencionalmente?

1 ***Nós nos tornamos mais divertidas***

Isso é o que somos quando estamos em nosso modo feminino. Na verdade, não nos tornamos divertidas, nós *somos* divertidas. O problema surge quando, ao ativarmos nosso lado masculino de forma excessiva, a seriedade ocupa o lugar da diversão, fazendo com que tudo ao nosso redor se torne um compromisso.

Uma mulher formatada desde pequena para estar no masculino certamente tem dificuldade em relaxar. Se não revermos nossas escolhas e equilibrarmos nossas funções, continuaremos sendo chatas e sem diversão.

2 ***Pessoas com potencial criativo elevado são mais felizes, porque se sentem mais livres***

O psicólogo e estudioso Joy Paul Guilford[2] comprovou que o ato de criar desperta uma série de hormônios, como dopamina, serotonina e ocitocina. Quando eles atuam simultaneamente,

2. Guilford, Joy Paul. **Intelligence, Creativity and Their Educational Implications.** San Diego, California: Edits Pub, 1968.

a pessoa experimenta uma sensação de prazer intensa, quase como uma explosão interna, mesmo ao criar algo simples.

Criar alimenta e estimula diferentes áreas do cérebro, o que, posteriormente, traduz-se em sensações de felicidade e um sentimento de liberdade. Foi exatamente assim que me senti ao estar atenta aos sussurros do Espírito sobre os temas abordados neste livro.

Uma das minhas filhas é altamente criativa. Quando perguntei como se sentia ao criar, ela me respondeu: "Mamãe, é uma sensação por dentro que me deixa tão feliz, como se tivesse um poder igual ao do Hulk. É quando me sinto mais livre". Essa resposta, vinda de uma criança, reflete perfeitamente o que todas nós sentimos quando criamos. Por isso, é fundamental preservar a infância de nossas crianças, para que elas possam continuar a explorar e expressar sua criatividade sem limitações.

3 *A criatividade é contagiante*

Quando você está plenamente conectada às suas funções femininas, fica mais livre para criar, pois o hemisfério do cérebro responsável por essa habilidade está totalmente autorizado a ser explorado. Ao criar, os dois hemisférios cerebrais se comunicam simultaneamente, por meio do corpo caloso. Se você se percebe como uma mulher com uma mentalidade mais masculinizada, provavelmente sentirá dificuldade em perceber as possibilidades de criação, pois estará envolvida em tarefas mecânicas e repetitivas, baseadas principalmente em lógica e raciocínio.

Criar alimenta e estimula diferentes áreas do cérebro, o que, posteriormente, traduz-se em sensações de felicidade e um sentimento de liberdade.

Mulheres foram feitas para criar vida, e é por isso que você precisa sair da zona de conforto e gerar um ambiente acolhedor, preparar uma sopinha quentinha em um dia frio, criar um momento íntimo com seu esposo, partir para uma nova profissão, sonhar com diferentes tipos de viagens. Isso diminui a repetição e aumenta a satisfação. Escolher roupas novas, voltar a dançar, aprender algo novo em um curso, despertar esperança nas pessoas e contagiar outras com seus atos criativos no trabalho. Isso é vida, e ela não pode ser a mesma de dez anos atrás.

Essa experiência também se aplica aos homens: eles podem criar momentos especiais, como o dia do churrasco, um ambiente seguro e provido para sua família, encontrar soluções para os problemas que enfrentam, gerar sustento financeiro para garantir conforto, e ainda estabelecer maneiras de elevar a autoestima da mulher e dos filhos.

Homens formatados desde pequenos para ficarem no celular, como muitos jovens e crianças da atualidade, muitas vezes não sabem que estão sendo amputados de suas forças e propósitos criativos. Isso explica por que muitos deles ainda permanecem infantilizados.

Um ambiente saudável é aquele onde o equilíbrio funcional acontece. Infelizmente, devido a separações, erros, feridas ou conflitos entre homens e mulheres, muitos lares perderam essa característica. Espero que, ao compreenderem isso, as mulheres com tendência controladora possam dar mais espaço para os homens se sentirem livres para criar, sem reclamar quando eles fazem bagunça, sujeira ou "criam" problemas e situações semelhantes.

Resgatar a capacidade criativa de ambos os sexos não é apenas importante, é necessário para o estado emocional de uma mulher feminina e de um homem poderosamente transbordante.

A química do feminino e do masculino floresce quando nos permitimos explorá-la. Portanto, invista tempo em suas criações.

O que acontece quando nossa capacidade criativa é bloqueada?

Nós nascemos criativas, mas à medida que crescemos, começamos a ter medo do julgamento, receio de parecermos bobas, e deixamos de arriscar. Bloqueamos nosso pensamento abstrato, aumentamos a lógica e, com o desejo de perfeccionismo, acabamos nos engessando na racionalidade.

Se somarmos isso ao advento da tecnologia, nossa capacidade criativa é ainda mais reduzida, pois consumimos mais informações do que criamos. O máximo que nossas mãos fazem é um toque no aparelho, que além de não gerar criação, não nos estimula a agir por tentativa e erro. É mais fácil procurar no Google "como ser uma boa mãe" do que arriscar encontrar nossos próprios acertos e derrotas. Quando deixamos de criar, tornamo-nos muito mais suscetíveis a depressões, ansiedades, transtornos de estresse. Compreendo que muitas pessoas bem-sucedidas chegam ao burnout justamente porque estão fazendo, fazendo e fazendo, mas perderam a capacidade de inventar, o que diminui as "purpurinas neurais" necessárias para neutralizar a ansiedade, algo que só a criação pode proporcionar.

Se somarmos isso ao advento da tecnologia, nossa capacidade criativa é ainda mais reduzida, pois consumimos mais informações do que criamos.

Quando nossa capacidade criativa é bloqueada, o processo é o oposto de tudo o que mencionei. A primeira coisa que acontece é que deixamos de ser divertidas e nos tornamos sérias, com uma mente analítica e focada em cálculos. Em vez de estarmos disponíveis para quem amamos, nossa mente vagueia, distante das pessoas que estão perto.

Outro sintoma é a irritabilidade, o choro sem razão aparente devido ao cansaço extremo e à tristeza (que não é depressão). Se você está experimentando esses três sintomas com frequência, observe: muitas mulheres entram no modo avião emocional, procrastinando tarefas, porque estão apenas sobrevivendo e distantes do seu feminino.

Nosso cérebro clama por moderação, portanto seja divertida, seja criativa, seja feminina, como Deus a criou. Mais do que ser um exemplo, sua vida precisa inspirar pessoas ao seu redor. Isso não significa ser perfeccionista ou sem defeitos, pelo contrário, significa ser humana.

Se você deixar de temer o julgamento, o medo de parecer boba, e se desinibir para ativar sua energia criativa, compreendendo que essa é uma centelha divina dentro de você, criará coisas em sua casa, na sua profissão e na sua vida como nunca antes, pois acessará seu potencial máximo de criatividade, pleno em sua feminilidade.

Vamos medir, agora, sua capacidade criativa?

Seguindo o mesmo processo do capítulo anterior, escolha apenas uma das três cores para pintar o tubo de ensaio da sua criatividade:

- Pinte de azul se você sente que está fria nessa área.
- Pinte de amarelo se você transita entre o racional e o emocional, considera-se uma criativa morna, mas sabe que pode melhorar.
- Pinte de vermelho, com muita fumaça saindo pelas bordas, se você sente que está quente na criatividade, explorando sua capacidade máxima de criação em todas as áreas da sua vida e de forma incrivelmente transbordante.

Observação: O ato de pintar é intencional neste livro, pois é uma das formas de ativar a capacidade neural de criação e nos remete às ações

infantis, algo que frequentemente perdemos ao assumir as responsabilidades da vida adulta.

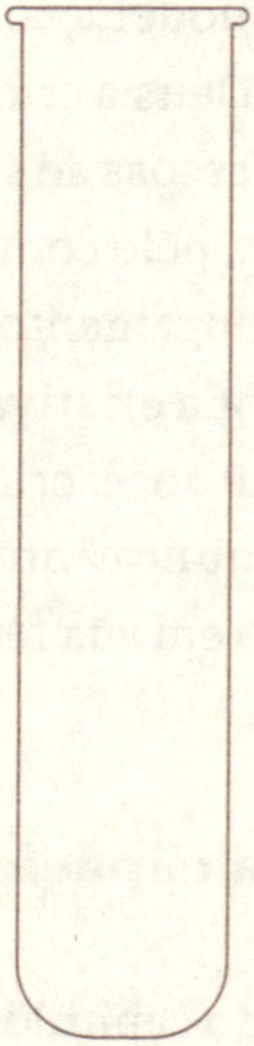

Perguntas para reflexão

1. Cite três criações futuras que você imagina para a sua vida.
2. Como você pode criar um prato novo e único?
3. Quais cores de roupas você poderia explorar, que fugiriam do seu habitual, mas ficariam incríveis em você?
4. Por que pessoas com grande potencial criativo tendem a ser menos propensas à depressão, sendo mais livres, mais felizes e mais inspiradoras?

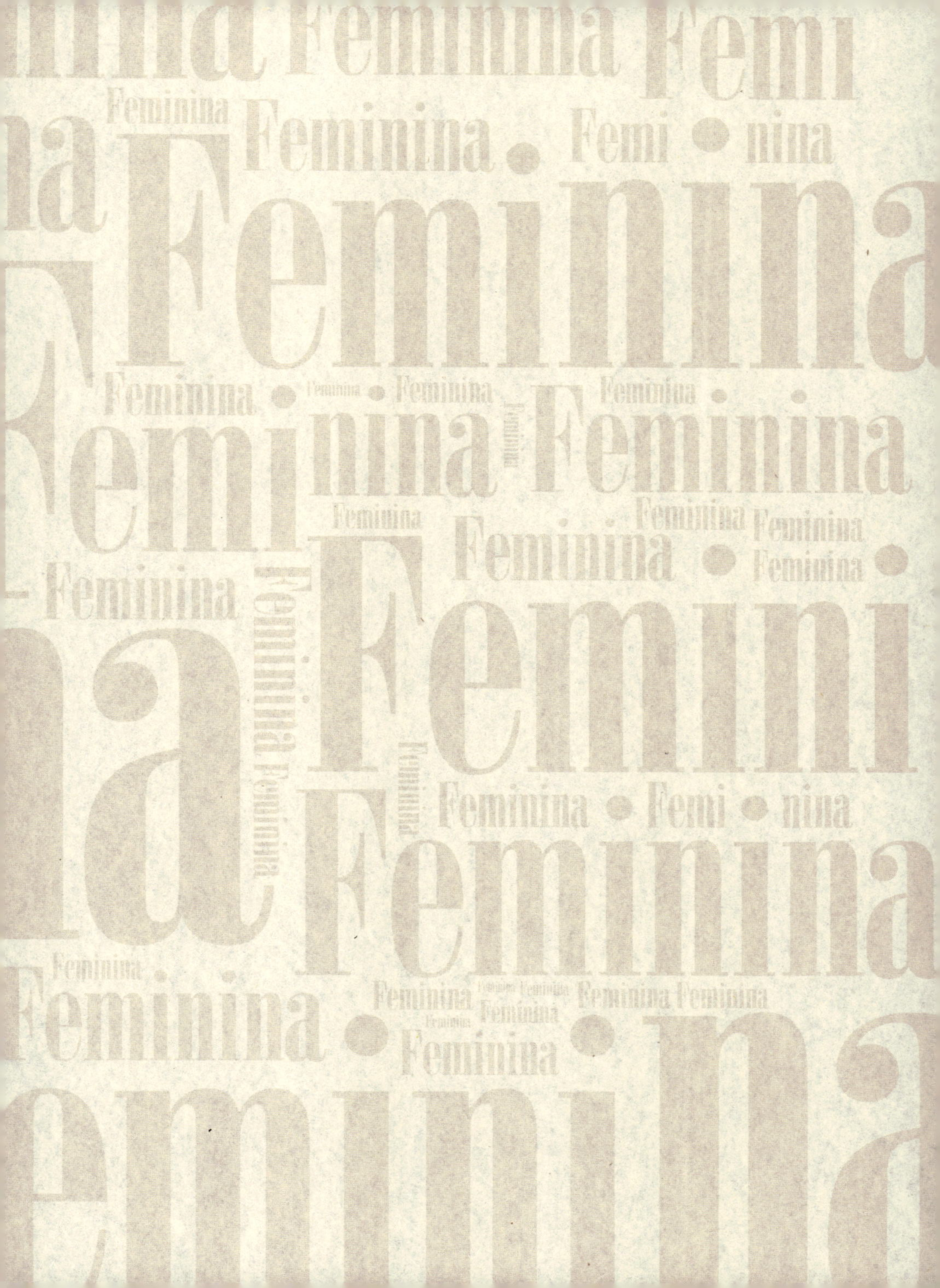

Feminina
Feminina • Femi • nina
Feminina
Feminina • Feminina • Feminina
Feminina
Feminina
Feminina
Feminina Feminina
Feminina • Feminina
Feminina
Feminina
Feminina Feminina
Femini
Feminina • Femi • nina
Feminina
Feminina
Feminina
Feminina Feminina Feminina Feminina Feminina
Feminina
Feminina

Capítulo 12

Ativando os cinco sentidos

Preciso compartilhar algo interessante com você. Todos os capítulos deste livro foram escritos com tanto prazer que pareciam óleo quando escorre. Este, no entanto, foi refeito três vezes, pois percebi que não fluía como deveria. Meus cinco sentidos estavam me enviando sinais de desconforto, mas eu não sabia identificar a razão.

Certa noite, ao dormir, tive um sonho nítido, no qual uma voz me dizia que eu precisava de mais dependência do Espírito para falar sobre esse assunto específico e explorar melhor o livro de Daniel, porque é de lá que surgem muitas pérolas sobre a palavra "percepção". Em minha opinião, o que você vai ler agora sobre a ativação dos cinco sentidos é um dos capítulos mais importantes desta obra. Por isso, ele não poderia ser apenas bom; deveria ser excelente. Valeu a pena refazê-lo três vezes.

Você se lembra do diálogo entre o Lobo Mau e Chapeuzinho Vermelho?

— Para que são esses olhos tão grandes?

— São para te ver melhor.

— Para que são esses ouvidos tão grandes?

— São para te ouvir melhor.

Apesar de toda inocência, viemos ao mundo com os cinco sentidos intactos. Você "ouvia" a conversa de seus pais, mesmo que estivesse brincando ajoelhada no meio da sala. Observava atentamente a expressão da professora, com todos os "olhares" voltados para ela. É muito possível que você sentia o "cheiro" da borracha do seu estojo e o "sabor" de alguma comida gostosa que alguém preparava. Você sentia o "toque" de suas cobertas e sabia se os pingos do chuveiro eram mais gelados ou quentes, dependendo do dia.

Agora você cresceu e posso lhe garantir que, apesar de uma série de benefícios que a vida nos traz, uma desvantagem também nos envolve: o ato de nos tornarmos "surdos", "mudos", "cegos", sem "toques" e sem receptores neurais de uma vida real.

Estamos em uma bolha sistêmica que tenta colocar cera em nossos ouvidos, secreção em nossos olhos e muco em nosso nariz. Nossas mãos ficam sujas de tanto trabalhar, e nosso hálito carrega o mau cheiro de falas insensíveis, ditas até sem querer, resultado do excesso do masculino, que produz uma mente cansada e sem muitas percepções.

Chega um momento na vida em que você já não se reconhece e, sutilmente, para de enxergar, ouvir, cheirar, tocar, sentir — apenas sobrevive. Sabe o que você fará quando esse dia chegar? Nada. Apenas se perdoar, porque talvez nem soubesse que estava cega e surda.

Despertar dessa sonolência mental é um ato simples, mas é o primeiro passo para a cura. Já parou para refletir por que Jesus curava tantos cegos e surdos?[1] Porque, de alguma forma, somos todos cegos, surdos e paralíticos.

> No entanto, **não percebe que é infeliz, miserável, pobre, cego e nu**. Dou a você este conselho: compre de mim ouro refinado no fogo, para que você se torne rico; compre roupas brancas, para que você se vista e não se manifeste a vergonha da sua nudez; além disso, **compre colírio para ungir os olhos, a fim de que possa ver**. Eu repreendo

1. João 9.1-12; Marcos 10.46-52; Marcos 7.31-37, entre outros.

> e disciplino aqueles que amo. Portanto, seja diligente e arrependa-se. (Apocalipse 3.17b-19, grifos meus)

Jesus curava os deficientes usando exatamente os mesmos recursos, ou seja, seus próprios cinco sentidos. Ele colocou sua saliva (paladar) para curar um cego. A outro, Jesus chamou-o à parte e "colocou os dedos nos ouvidos do homem. Em seguida, cuspiu e tocou-lhe na língua" (Marcos 7.33).

Tocar, ver, ouvir, cheirar e sentir: isso traz conexão, energia de ativação, colisão neural e, com isso, uma explosão de novas ideias surge dentro de sua mente. *Existe poder no toque, no ato de ouvir, de ver e de cheirar.* Quando essa cura é compartilhada com outro, aí sim, uma explosão química acontece entre duas pessoas e o efeito é grandioso. O contato com outros gera uma energia de ativação, que faz colidir com as emoções, e a cura acontece de forma visível. Essa experiência produz transformação no casamento, nas amizades, na família e em nós mesmas.

Nossas mãos ficam sujas de tanto trabalhar, e nosso hálito carrega o mau cheiro de falas insensíveis, ditas até sem querer, resultado do excesso do masculino, que produz uma mente cansada e sem muitas percepções.

Por essa simples razão, é fácil compreender por que os cinco sentidos podem ser tão ameaçadores: pessoas com sentidos aguçados tornam-se poderosas (no melhor sentido da palavra), pois estão sempre alertas e raramente caem em armadilhas.

Aqui surge um alerta: você pode até ser curada de alguns traumas emocionais, mas os cinco sentidos não agem na mesma velocidade. Sempre precisaremos ter atenção com eles, pois é uma área que exige dependência completa do Espírito, como aconteceu comigo ao ter de refazer três vezes este capítulo.

É necessário um monitoramento consciente, e essa ideia nos deixa vigilantes. Ela nos traz movimento!

Jesus foi claro quando disse: "Prestem atenção [...]. Tenham cuidado [...] "Vocês **têm olhos, mas não veem**? **Têm ouvidos, mas não ouvem**?" (Marcos 8.15-18, grifos meus). Ao realizar esse monitoramento constante, você começará a perceber não apenas os benefícios de enxergar e ouvir as coisas naturais, mas também os sussurros do Espírito, que revelam dimensões mais profundas da vida.

Desenvolver os cinco sentidos é o mesmo que tomar a pílula dos superpoderes

Veja o que aconteceu com Barbara Willians. Conforme relatado no primeiro capítulo, ao retornar de sua viagem, ela posicionou uma poltrona em frente ao espelho e perguntou a Deus qual seria o próximo passo em sua vida. Afinal, aos 42 anos, já havia realizado todos os seus sonhos. Foi então que ela sentiu uma resposta clara em seus pensamentos: "Reserve dez dias para estar em minha presença e lhe revelarei o que planejei para você".

Quando essa cura é compartilhada com outro, aí sim, uma explosão química acontece entre duas pessoas e o efeito é grandioso.

Ela assim o fez. Começou a estudar o livro de Daniel, que aborda o "aumento de percepção". Durante esse processo, Barbara identificou os momentos em que bloqueou sua feminilidade, baseando-se em conversas com sua família. Passou a explorar sua posição de filha, e não apenas a de filha mais velha, dentro de sua personalidade. Além disso, entendeu que precisava se reconectar com a química do feminino, o que incluía desenvolver sua criatividade nas áreas onde sentia limitações.

Nesse caminho, aprendeu a cozinhar, a valorizar a intimidade com seu lar e a melhorar seu nível de autocuidado. Esses passos, por si só, já trouxeram transformações significativas, mas o mais surpreendente aconteceu durante esses dez dias.

De acordo com seu relato, Barbara experimentou uma mudança profunda: seus cinco sentidos foram aguçados a um nível que ela nunca havia vivenciado. Era como se uma nova versão dela emergisse, capaz de perceber detalhes que antes passavam despercebidos, como:

- *Ver* detalhes que antes ignorava ou não prestava atenção.
- Começou a *ouvir melhor*, percebendo sons e nuances que antes se perdiam em meio à concentração em suas tarefas.
- Seu *paladar* tornou-se mais apurado, permitindo-lhe apreciar sabores de forma mais intensa.
- O *toque* adquiriu uma sensibilidade maior, tornando-se mais perceptivo ao contato físico e texturas.
- Seu *olfato* ficou mais aguçado, captando aromas com uma clareza que antes não experimentava.

— Algo está acontecendo comigo — disse ela. — Antes eu vivia no automático, sem realmente ouvir meus filhos com atenção. Agora, faço as coisas mais devagar, mas de forma muito melhor. Sinto que estou emocionalmente mais disponível, e até a relação sexual, que já era boa, ficou ainda melhor. A sensação que tenho é de que tomei uma pílula de superpoderes.

Após alguns minutos de conversa, Barbara se despediu, informando que estava de partida para uma viagem de quinze dias. Propus-lhe, então, uma tarefa: durante a viagem, abrir intencionalmente seus cinco sentidos e prestar atenção a todos os detalhes em seus momentos com os filhos e o esposo.

Veja o que Barbara percebeu ao embarcar nessa experiência:

- Ao arrumar a mala, notou que sua bolsa estava cheia de papéis desnecessários, que simbolizavam os pesos extras que carregava na vida sem perceber.

- Passou a observar mais os lugares por onde passava e a atentar aos cheiros ao seu redor.

- Começou a saborear melhor os alimentos, tomando a decisão de deixar o celular longe durante as refeições.

- Escutou com mais paciência as histórias dos filhos, dedicando-se a ouvi-los de verdade.

- Reduziu o tempo nas redes sociais.

- Demonstrou mais carinho pelo esposo, segurando sua mão e oferecendo abraços mais afetuosos.

- Teve noites de sono mais tranquilas e restauradoras.

- Manteve o pensamento focado no presente, sem se perder tanto em preocupações com o futuro.

Barbara percebeu que aguçar os cinco sentidos traz benefícios incalculáveis. Ao relatar uma cena incomum, ela conseguiu capturar a essência do que estava vivendo:

— Houve um dia em que algo caiu no chão e precisei me ajoelhar para pegar. Ao levantar o rosto, notei um porta-retrato próximo ao sofá. A foto mostrava meu marido e eu, anos atrás, com roupas profissionais que refletiam claramente como meu coração ainda estava fixado nos brilhos deste mundo. Naquele momento, senti como se Deus me perguntasse: "O que você vê agora?". Silenciosamente, respondi: "Eu não vejo mais essa mulher... Ela mudou. Hoje, ela enxerga".

Eu estava muito feliz ao ouvi-la e lhe disse que maturidade é justamente o momento em que você olha para trás e já não se identifica com os comportamentos dos estágios anteriores da vida. Então, ela compartilhou que se baseou no livro de Daniel para aprimorar suas percepções, e eu pedi que ela me contasse o que aprendera em seus estudos. Com um sorriso no rosto, ela encheu a boca para explicar:

— Daniel foi um homem muito amado e ouviu que suas percepções seriam ampliadas a tal ponto de ter revelações surpreendentes.

Barbara pontuou um por um de seus aprendizados:

1. Foi reconhecido por suas recusas, nunca cedendo a pressões para ser aceito, pois sabia que tinha um propósito maior. Nas histórias de Ester e Daniel, vemos que aqueles que tentaram agredi-los acabaram se dando mal.

2. Ele sabia gerenciar seu tempo com sabedoria, sem deixar que os outros interferissem, pois compreendia que o tempo não podia ser desperdiçado (Autogestão).

3. Daniel foi promovido pelo rei, não por acaso, mas porque ele era diferente da multidão (Pessoas com os cinco sentidos aguçados percebem o que outros ignoram e, por isso, destacam-se).

4 Daniel tinha um hábito inegociável: seus cinco sentidos estavam sempre apurados, pois ele se dedicava à "encontros com Deus" todos os dias (cf. Daniel 1). Somente quem tem os cinco sentidos aguçados consegue perceber o que é oculto e profundo, a ponto de Deus revelar coisas que os outros não percebem, não sentem ou não detectam. O fato de Daniel ter buscado esse hábito de forma inegociável fez com que Deus, e não as redes sociais, pessoas, empresas ou vendas, concedesse-lhe domínio, poder, força e glória. Isso fica claro em Daniel 2.7.

5 Daniel tinha foco: decidiu não se contaminar com coisas deste mundo, aquelas que não edificam. Ele se propôs a ficar dez dias comendo apenas vegetais e, ao fim desse período, parecia mais forte e saudável do que todos os outros. Fez isso para aumentar sua percepção (cf. Daniel 1). Glutonaria e bebedices nos impedem de termos os sentidos mais aguçados.

6 Daniel se dirigia às pessoas que o perseguiam com sabedoria e bom senso (cf. Daniel 2.14). Relacionava-se com seus amigos de forma íntima, e não superficial. Quando confrontado por outros, ele simplesmente respondia algo como: "Não preciso me defender. Se Deus quiser nos livrar, tudo bem. Prefiro renunciar à minha vida a perder meus momentos com o Senhor.

7 Ficar desconfortável e agitado dentro de si já é um sinal de que seus cinco sentidos estão funcionando: "Eu, Daniel, fiquei agitado em meu espírito e as visões que passaram pela minha mente me aterrorizaram. Então, me aproximei de um dos que ali estavam e perguntei o significado de tudo o que eu tinha visto" (Daniel 7.15-16).

Você reparou na palavra "significado" mencionada no versículo? Percebe o quanto ela é crucial para a temática que estamos trabalhando?

No livro de Daniel, a avaliação de significados surge seis vezes, e é exatamente isso que você fez na primeira parte desta obra.

E qual foi o resultado de todo o esforço de Daniel? Um notável aumento de percepção: "Daniel, agora vim para dar a você **percepção** e entendimento. **Assim que** você começou a orar, houve uma resposta, que eu trouxe a você porque você é muito amado" (Daniel 9.22-23a, grifos meus).

Toda percepção exige sensibilidade às experiências que nos rodeiam. Quando nos afastamos de nossa essência feminina, é como se estivéssemos com um tapa-olho que nos impede de enxergar; cera nos ouvidos que nos dificulta ouvir; grampo no nariz que nos impede de sentir os cheiros; boca costurada que limita o falar; e mãos tão ocupadas que nos impedem de perceber o todo.

Agora é com você

Aguçar os cinco sentidos é essencial para oxigenar o cérebro, ativar nossa liberdade criativa e nos tornar mais receptivas e flexíveis ao que nos cerca. Experimente reservar 20 minutos em um dia para praticar isso em sua casa, seja com seus filhos, esposo, colaboradores ou familiares. Tudo ao seu redor carrega elementos de feminilidade, e quando essa percepção estiver aguçada em você, nada passará despercebido. Você se sentirá como uma mulher que enxerga claramente, enquanto muitos ao redor permanecem cegos.

Encerrando este capítulo, quero compartilhar com você o mesmo que dividi com Barbara. Mencionei o trabalho do neurocirurgião canadense Wilder Graves Penfield, que criou um desenho representando os maiores níveis de terminações nervosas do corpo humano. Se nosso cérebro pudesse capturar uma imagem de como ele nos percebe, essa representação seria semelhante ao famoso desenho conhecido como o "Homúnculo Sensorial de Penfield". Interessante, não é? E quanto a você, como o seu cérebro a percebe?

[Figura 1: Homúnculo de Penfield]

Fonte: Psicologia y Mente[2]

Atividade para reflexão

Assim como Penfield mapeou como o cérebro nos "enxerga", faça um desenho do seu rosto, avaliando os seus cinco sentidos. O resultado será desarmônico e desfigurado, mas o objetivo é ter uma representação concreta de como estão suas percepções. Se você acredita que ouve bem, desenhe orelhas grandes; se acha que enxerga pouco, desenhe olhos pequenos.

Avalie cada sentido — visão, audição, olfato, paladar e toque — pensando no quanto você realmente utiliza e percebe através deles.

2. FIGUEROBA, Alex. os homunculos sensorial y motor de Penfield: que son?. **Portal Psicologia y Mente.** 23 jun. 2017. Disponível em: https://psicologiaymente.com/neurociencias/homunculos-penfield. Acesso em: 15 jan. 2025.

Esse exercício simples pode revelar áreas de atenção que precisam ser trabalhadas para uma percepção mais aguçada e consciente.

Mostre seu desenho às pessoas que convivem com você e, como na história de Chapeuzinho Vermelho, se perguntarem por que olhos, ouvidos, nariz, boca ou mãos tão grandes, você dirá: "São para vê-lo, ouvi-lo... melhor".

Capítulo 13

O efeito dos traumas nos cinco sentidos

Quem cuida da área dos traumas em nossa mente é o sistema límbico, por meio da amígdala cerebral, cuja função é registrar todas as informações com carga emocional negativa. Ele aciona simultaneamente o sistema endócrino e imunológico para determinar a reação mais adequada ao enfrentar uma situação adversa.

Nessa situação, a pessoa pode ter três tipos de reação: fugir, lutar ou ficar sem ação, paralisada.

Os responsáveis por transmitir essas informações ao cérebro são os receptores emocionais, que estão ligados aos nossos cinco sentidos, que ficam "entupidos" quando a memória traumática é revisitada. O oposto também é verdadeiro: quando somos curadas, nossos cinco sentidos se "desentopem".

Por exemplo, uma pessoa que sofreu abusó sexual pode reter muitas memórias associadas ao cheiro do agressor (olfato), ao que ele disse durante o ato (audição) e ao que foi feito a ela. Muitas vezes, essas memórias são reprimidas devido à dor. Esse é um dos piores tipos de trauma, pois a pessoa tem sua pureza retirada. Ao vivenciar situações semelhantes na área sexual, a mente pode reativar essas lembranças, fazendo com que seu órgão sexual fique "fechado", sem lubrificação, gerando uma série de outros sintomas. As áreas de prazer são prejudicadas justamente porque foram nelas que o trauma ocorreu.

Uma filha que cresceu vendo o pai beber, por exemplo, na vida adulta, pode sentir nojo do esposo todas as vezes que ele exalar um hálito (cheiro) semelhante ao evento do trauma. De forma similar, uma criança que passou muito mal com o consumo de algum alimento (paladar) pode nunca mais querer comer aquela comida devido à memória negativa. Esses são exemplos de como o trauma pode obstruir a percepção plena dos sentidos, tornando-os reféns da dor.

Quando todos esses registros traumáticos acontecem, a pessoa sente dificuldade em sair do estágio de paralisação, pois houve uma dor emocional. Nesse momento, é importante analisar o que foi roubado, matado ou destruído dentro da alma. Dar nomes a esses itens ajudará a se libertar dos medos e recuperar a força.

Em meu livro *Foguete não tem ré*[1] expliquei detalhadamente o que acontece no cérebro quando somos afetados por traumas afetivos, como separações, traições, rupturas emocionais e conflitos inacabados. O desenho a seguir mostra, por meio de ressonância magnética, o "antes" e o "depois" do tratamento psicológico, mostrando um método de tratamento para depressão, ansiedade e comportamento compulsivo.

[Figura 1] [Figura 2]

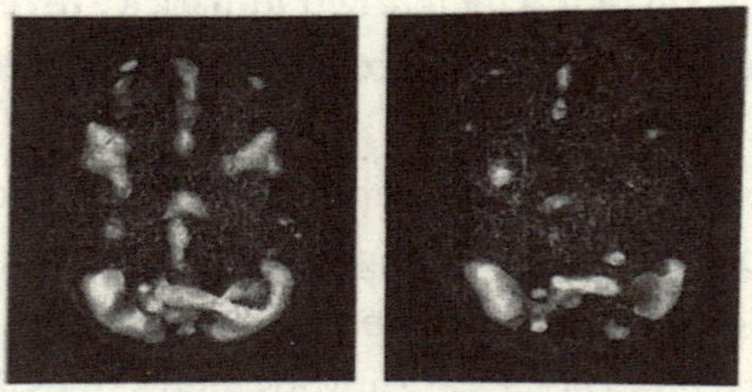

Fonte: Rizzardi, Karine[2]

1. RIZZARDI, Karine. **Foguete não tem ré**. 1. ed. São Paulo: Vida, 2022.
2. Idem.

Na primeira figura, observamos o aumento da atividade da amígdala cerebral, envolvendo o sistema límbico, o que gera agitação, preocupação, nervosismo, alerta, sufocamento e estresse. Na segunda imagem, após o tratamento terapêutico, o cérebro já apresenta uma melhora considerável, com sinais de "descanso". No livro, mostrei como é libertador trabalhar nossas dores emocionais, para que elas não impactem tanto nossos comportamentos. Ressalto também a importância de perceber que, ao nos dedicarmos a esse processo, todos os nossos sentidos se reativam de forma extraordinária, promovendo uma verdadeira transformação.

Um trauma pode interferir na feminilidade transbordante?

Um trauma registrado na mente pode dificultar o transbordo feminino, mas este livro foi escrito para ajudar a desbloquear suas áreas de impedimento. No entanto, é crucial entender o que acontece no cérebro para embasar suas ações, especialmente para mulheres com mentes mais racionais.

Quando nosso lado feminino é ferido por um trauma, o corpo caloso, que conecta os dois hemisférios, deixa transmitir as informações de forma completa. Isso impede que um hemisfério compartilhe com o outro tudo o que ocorre ao seu redor de maneira organizada e sequencial. Por isso, muitas pessoas não se lembram de todos os fatos ou acabam selecionando partes deles.

Os sintomas que nos sinalizam a necessidade de ajuda surgem, como insônias, dores de cabeça, no corpo, nos olhos ou no estômago, alterações de humor, obesidade, ruído nos ouvidos, câncer, entre outros.

Agora, a boa notícia: se você levar a sério a importância de se conectar com o novo ou até mesmo fazer as mesmas coisas de uma maneira nova, seus sentidos se reativarão de forma extraordinária. A maior recompensa será redescobrir e voltar a sonhar com aqueles anseios que estavam há muito tempo escondidos ou esquecidos.

Se sua vida se pauta nos traumas, você desconecta dela sua história. Mas ao se curar, reconecta os fragmentos perdidos e segue em frente. Dar novos significados às dores do passado (como mencionei logo no início do livro) é uma maneira poderosa de reprogramar sua trajetória. Operando a química e fazendo coisas diferentes, tendo contato com o novo, a criatividade se reativa – e os cinco sentidos a ajudarão a voar longe como uma borboleta leve e amarela, que abandona sua mochila de pesos.

Agora, podemos entender por que a irmã de Barbara a levou para andar de carrinho de rolimã. Ela viu, ouviu, sentiu e cheirou algo novo, e as borboletas amarelas selaram o rito de retorno ao seu lado feminino que precisava emergir.

Se você se encontra em um processo semelhante, em que um trauma a afastou de sua verdadeira essência, há uma dica valiosa que pode ajudar: separar o "silêncio" dos "ruídos". Busque um canto tranquilo, onde possa desacelerar e se distanciar das influências externas – das situações, das vozes e dos barulhos ao seu redor. Nesse espaço de silêncio, a conexão com o seu ser interior e Deus é mais intensa. Através dessa prática de silêncio intencional, seus sentidos se alinham e começam a conversar com você de uma maneira profunda e reveladora. É nesse momento que a verdadeira cura começa a acontecer.

A maior recompensa será redescobrir e voltar a sonhar com aqueles anseios que estavam há muito tempo escondidos ou esquecidos.

Assim como o ato de voltar a sonhar reativa o corpo caloso e promove a cura das emoções, você também pode permitir que seus sentidos se despertem para novas perspectivas. Atos 2.17 nos lembra que "os velhos sonharão" e "os jovens terão visões". A ideia central é voltar a enxergar todos os assuntos segundo o olhar de Deus, e não de acordo com nossa história, seja boa ou ruim.

O convite é, então, a um novo olhar sobre a vida, onde o silêncio e o sonho se tornam ferramentas para reconectar-se com o seu eu mais puro e restaurado.

É assim que passamos a ver tudo de forma diferente: a vida, a gestão das 24 horas como um lugar de delícias e prazeres, a visão sobre os homens, a ressignificação dos elementos femininos, a beleza de seus cabelos, a suavidade de seu rosto, o ato de apreciar a si mesma, e tudo o mais que podemos imaginar.

Quanto mais livres nos tornamos, mais cheiros sentimos, mais escutamos quem está ao nosso redor, mais visões temos e mais toques e carinhos trocamos.

"A cabana"

No filme *A Cabana*,[3] o protagonista Mackenzie vive um trauma profundo após perder sua filha para um homem que a matou sem remorsos. Após algum tempo, ele encontra um bilhete dizendo: "Te encontro na cabana. At.te Papai."

Apesar da resistência, Mackenzie retorna ao local do trauma, onde começa um processo de cura emocional profundo. Depois de assistir ao filme diversas vezes, percebi algo importante: "Deus" leva Mackenzie de volta à sua casa de infância, onde estavam suas memórias dolorosas.

Em um momento de raiva, Mackenzie questiona por que Deus permitiu tanto sofrimento e o trouxe ao lugar onde foi ferido. Enquanto um pão quente (olfato) estava sendo preparado, a resposta serena de "Deus" foi algo como: "Se tudo o que você 'vê' é sua própria dor, não consegue me 'olhar' direito. Todos foram criados para serem amados, mas a dor faz

3. A CABANA. Direção de Stuart Hazeldine. Produção de Gil Netter. Estados Unidos: Summit Entertainment, 2017. Prime Video.

com que se esqueçam disso. Você está aqui para aprender a voar e eu não estou interessado em prisioneiros, Mackenzie. Tentar entender todos os seus problemas é uma ótica incompleta. Se soubesse o tamanho de meu amor por você, saberia que eu trabalho nos detalhes de sua vida".

O autor do livro que inspirou o filme revela que sua história de cura também foi marcada por abusos sexuais na infância. A "criança" dele morreu simbolicamente, mas a cura surgiu ao experimentar o amor divino.

Quando Deus cura, não existe ex-cura. Ele nos leva a reviver traumas, como um cheiro ruim, um toque indevido ou uma lembrança dolorosa, para produzir restauração em nossos neurônios.

O dia em que resolvi copiar o Mackenzie

Após vinte anos de casada, fiquei sozinha em um fim de semana para cumprir a agenda de uma palestra sobre feminilidade, enquanto meu esposo e minhas filhas viajaram para uma festa de família.

Pensando no que fazer para aproveitar esse tempo tão raro, resolvi me inspirar no exemplo do personagem Mackenzie. No meu caso, não se tratava de revisitar um trauma, mas de um desejo profundo de vivenciar um encontro íntimo com o Pai.

Escrevi uma carta com um adesivo delicado e a deixei em cima da mesa para "ele" ler. Entre minhas palavras, declarei o seguinte:

> *Papai, vamos viver algo sobrenatural neste fim de semana? Acho que desde solteira não tenho um fim de semana inteiro para dedicar somente a nós. Com carinho, Ka, sua filha. (7/10/23)*

Tudo o que vivi naquele dia foi extremamente significativo. Não experimentei nada sobrenatural, mas o que aconteceu foi verdadeiramente extraordinário. Após minha palestra pela manhã, almocei com "ele" e, nas minhas fantasias de conversas, meu celular estava fora do cenário. Meu desejo era falar menos, ouvir mais, esvaziar-me de mim e me preencher mais dele.

Chegando em casa, aproveitei cada segundo, estando atenta aos meus cinco sentidos, já que meus momentos sem interrupção são raros devido à rotina com três filhas. Antes de qualquer experiência, arrumei a casa com carinho, para que ela estivesse cheirosa e acolhedora para recebê-lo. Ao ajeitar os quartos, senti o cheiro (olfato) das roupas de meu marido e filhas, que me lembraram o dia em que saí da maternidade. Parecia ontem que eu amamentava a terceira filha no quarto, enquanto meu marido preparava as mamadeiras na cozinha, e uma das meninas derramava leite pelo corredor até chegar aonde eu estava.

Quando Deus cura, não existe ex-cura.

Aquele momento de conexão com a casa me inspirou a planejar as tarefas da semana seguinte. Passei por cada cômodo com amor, sem pressa ou obrigação, imersa em um silêncio renovador. Minha casa exalava feminilidade e refletia amor. Era um lar acolhedor, testemunho de um casal que se ama verdadeiramente, com três filhas em crescimento.

O foco não era receber parabéns, mas sim uma conexão silenciosa. Voltei-me para os porta-retratos da sala (visão), onde observava as imagens de cada um. Meu marido e eu já apresentávamos sinais de mudanças fisiológicas devido à idade, mas o amor só havia aumentado, e as meninas se tornariam o fruto do que vivemos.

Olhando atentamente para o rosto de cada uma, que tinham 14, 12 e 11 anos na época, lembrei-me dos momentos simples do dia a dia. Pensei no meu papel de mãe, esposa, no cuidado comigo mesma, nas trocas familiares com minhas irmãs e pais, e até no meu guarda-roupa. Recordei tudo o que vivi até escrever este livro e os grupos de feminilidade que coordenei antes de escrevê-lo.

Nesse momento, um sussurro veio: "Observe o fim das coisas".

Se observássemos a vida com uma lente clara de realidade, considerando o fim de todas as coisas, saberíamos medir melhor nossas ações. Tiraríamos o que é demais, como o tempo nas redes sociais; aumentaríamos o que é de menos, como mais conexão e vínculo; e equilibraríamos rapidamente o ritmo de nosso trabalho para não prejudicar nossa casa. Faríamos tudo com amor! A ampulheta do tempo nos ajuda a regular onde estamos investindo nossas emoções e como podemos transbordar ainda mais.

Até a trilha sonora eu queria que ele escolhesse naquele dia. Pus meu aplicativo de música em modo aleatório e me senti como se alguém conduzisse meus passos. A música foi perfeita para o momento. A letra dizia: "Ele entrou em casa/Ele está na mesa/Ele nos observa/Sabe que o esperamos/E ao partir o pão/Os nossos olhos se abrem/E reconhecemos quem tu és/Ao som da tua voz/Os nossos corações queimam de amor [...]".[4]

Tomei um banho, preparando-me para aquele momento. Escolhi um vestido verde-oliva, mas ele trocou. Não foi imaginação minha; senti-o me dizer: "A roupa que quero que use não está em seu guarda-roupa". Então, fui até o armário das minhas filhas e encontrei um vestido branco da mais velha, de 15 anos, que parecia perfeito para o momento de "Pai e filha".

A ampulheta do tempo nos ajuda a regular onde estamos investindo nossas emoções e como podemos transbordar ainda mais.

Minhas vestes foram trocadas. Coloquei uma pulseira de pérolas, um perfume, cuja embalagem lembra um salto alto, bem feminino, e fiz uma oração sincera por todas as mulheres que um dia leriam as palavras deste livro. Naquela noite, fiquei de pés descalços, dancei na sala com ele, sem constrangimento, adorando-o secretamente.

---

4. Brisa, André *et al*. **Emaús.** In: Morada; Poiema Music. Ele É (ao vivo). Nova Limeira: Onimusic, 2020. Álbum. Faixa 2.

Preparei a mesa, coloquei velas aromáticas, servi pão e coloquei a Bíblia no centro da mesa, com minha carta para o meu Pai.

Ficção ou realidade, emoção mais do que racionalidade, cada um julgue da maneira como desejar. Eu vivi esse dia de forma linda, e foi marcante para mim. Li coisas extraordinárias nas Escrituras que revelavam completamente sua presença.

A cura gera escolhas extraordinárias

Quando Deus troca nossas vestes, ele nos vê mais refinadas, mais puras, alinhadas com nossa verdadeira essência feminina, que não se deixa corromper por busca de status, poder ou seguidores. Não há nada mais nobre do que perceber que a verdadeira raiz de nossa vida é a nossa família, os frutos do que plantamos. Ao darmos mais atenção aos seguidores do que à nossa casa, um sinal de alerta se acende: o uso excessivo das redes sociais muitas vezes revela traumas não resolvidos, sentimentos de insegurança, abandono ou comparação, que acabam sendo refletidos nesses espaços virtuais.

Ser curada é não perder tanto tempo com coisas boas, porque você prefere viver as extraordinárias.

Ser curada é não perder tanto tempo com coisas boas, porque você prefere viver as extraordinárias. Quando compreendemos que o fim de tudo não é o "eu", mas o "nós", nossa presença passa a exalar uma paz profunda, uma nobreza atemporal.

Se você foi atingida por traumas, empenhe-se em trabalhar suas dores emocionais e permita-se voltar a sonhar. O processo de cura começa quando você autoriza suas emoções e dar espaço para que seus sentidos se renovarem. Ao sonhar novamente, você estimula o cérebro a restaurar o equilíbrio, abrindo caminho para uma percepção mais profunda e verdadeira da vida ao seu redor.

Perguntas para reflexão

1 O que mais a marcou neste capítulo? Sabia que ele nem estava nos meus planos? *Enquanto escrevia o último capítulo do livro, senti Deus me direcionando a incluir esse tema. E pensar que tudo começou com os cinco sentidos...*

2 Você já escreveu uma carta para Deus? Se ainda não, o que você escreveria para ele hoje, considerando o momento atual da sua vida?

3 Qual dos seus cinco sentidos foi mais profundamente impactado por um trauma que você viveu? De que forma isso influenciou sua jornada?

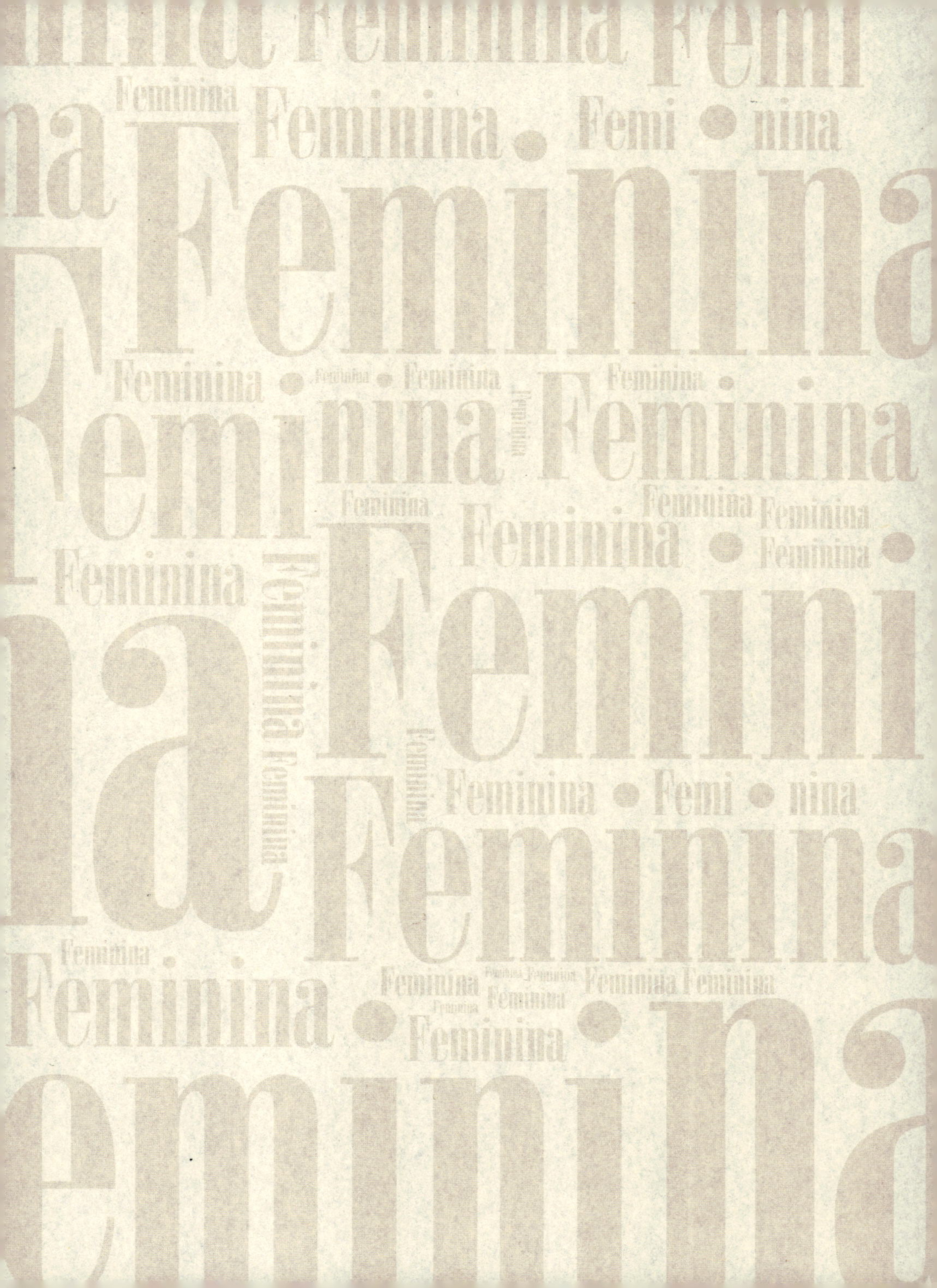
Feminina Femi
Feminina
Feminina • Femi • nina
Feminina
Feminina • Feminina • Feminina
Feminina
Femi nina Feminina
Feminina
Feminina Feminina
Feminina • Feminina
Feminina
Feminina
Femini
Feminina
Feminina • Femi • nina
Feminina
Feminina
Feminina • Feminina Feminina Feminina Feminina Feminina
Feminina
Feminina
Feminina

Capítulo 14

Escolha meus sapatos

Neste capítulo, quero aprofundar um pouco mais acerca da percepção de nossos cinco sentidos na área sexual. Muitas pessoas não sabem aproveitar plenamente a vida íntima porque seus ouvidos, olhos e olfato estão bloqueados. O toque é subestimado, e mal percebem o que estão deixando de explorar.

Por outro lado, despertar e utilizar intencionalmente os cinco sentidos durante o ato sexual não apenas intensifica o prazer, mas também promove uma entrega genuína e uma satisfação pessoal mais profunda.

Por exemplo, uma pessoa que consome pornografia é passível de experimentar mudanças no cheiro natural da pele, o que pode diminuir a atração do cônjuge por seus feromônios. Seus olhos deixam de apreciar o corpo como um todo, focando apenas nas partes consideradas mais excitantes. Além disso, acabam ignorando a rica diversidade de terminações nervosas presentes em áreas como o umbigo, pescoço, parte interna das coxas, nuca, ao redor dos seios, partes íntimas e orelhas. Ao fixar-se exclusivamente no ato sexual, perde-se a profundidade e a conexão que poderiam ser vivenciadas.

Efésios 4.17-19 nos diz o seguinte:

> Assim, eu digo a vocês, e no Senhor insisto, que não vivam mais como os gentios, na inutilidade dos seus pensamentos. Eles estão obscurecidos no entendimento e separados da vida de Deus pela ignorância em que estão, por causa do endurecimento do seu coração. Tendo perdido toda a sensibilidade, eles se entregaram à devassidão, cometendo com avidez toda espécie de impureza.

Perceba quanta sensibilidade uma pessoa perde quando se entrega à pornografia e igualmente à infidelidade. Esses hábitos obscurecem a percepção e impedem a vivência de uma relação sexual limpa, plena e significativa, desconectando a pessoa de uma experiência mais rica e transformadora.

Portanto, desentupa seu olfato para apreciar o encanto de aromas intencionais na vida íntima. Redescubra seu tato, sentindo a maciez de um lençol ou o toque delicado da pele entrelaçada no outro e a sutileza da temperatura da língua enquanto explora o corpo em conexão profunda.

Quando Barbara disse: "escolha meus sapatos"

Era um sábado tranquilo, logo após o almoço. O filho de Barbara havia combinado de passar a tarde na casa de amigos, enquanto as duas meninas se dirigiam a um aniversário. Seu esposo, como de costume, ofereceu-se para levá-las.

Segundo Barbara, a vida sexual do casal sempre foi repleta de intimidade e prazer, mas, naquela ocasião, algo inesperado e profundamente transformador aconteceria. Ela passaria por um processo terapêutico a respeito de seu próprio corpo, motivada por uma atenção especial aos cinco sentidos. Num ato de inspiração, decidiu preparar sua cama de maneira diferente, trocando os lençóis, decorando-os com cuidado e perfumando-os como para um momento muito especial.

Enquanto o marido não chegava, decidiu tomar um banho. Ao abrir o chuveiro e dar atenção à água que tocava seu corpo, algo sutil e poderoso aconteceu, como se seus olhos se abrissem para uma nova realidade. Ela conseguia enxergar seu corpo com uma admiração que há muito não experimentava. Suas pernas, que tantas vezes haviam sido ignoradas ou criticadas por serem magras demais e possuírem marcas de um acidente de infância, foram acariciadas por suas próprias mãos enquanto agradecia silenciosamente pelos ossos que a sustentavam. A curva natural de seus seios, transformados pela maternidade, parecia agora um símbolo de beleza e resiliência.

Barbara lembrou-se, então, do presente especial de sua mãe: pétalas de sabonete, um gesto simbólico que celebrava sua feminilidade. Inspirada, escolheu duas ou três delas para passear pela beleza de um corpo com curvas femininas, expressando mais gratidão pelo que via. Parecia um rito de cura quanto às suas próprias insatisfações corporais no decorrer de sua vida.

Barbara lembrou-se, então, do presente especial de sua mãe: pétalas de sabonete, um gesto simbólico que celebrava sua feminilidade.

De volta ao quarto, olhou os lençóis brancos que escolhera e adornou-os com mais pétalas de sabonete, espalhando-as cuidadosamente sobre o tecido de algodão egípcio. Decidiu deixar a Bíblia aberta entre os travesseiros, pois, embora pudesse parecer paradoxal, a Palavra sempre guiou a vida do casal, e seu leito não carregava manchas.

O som das chaves na porta anunciou que o esposo estava de volta. Ao vê-la nua e percebendo os detalhes da cama arrumada, notou que algo muito especial estava por acontecer. Sem muito pensar, ela disse: "Escolha meus sapatos!".

Ele não disse nada, apenas olhou surpreso, escolheu um scarpin no guarda-roupa e o colocou delicadamente em seus pés, beijando-os, próximo às suas cicatrizes.

— Eu amo sua cicatriz — disse-lhe, tocando-a com carinho.

Ela se emocionou, percebendo que, por anos, aquela marca fora motivo de insegurança, que a impedia de aceitar seu corpo plenamente.

O marido continuou a acariciá-la, movendo-se com delicadeza por diferentes partes de seu corpo, até finalmente encontrar seus lábios. Ela se entregava totalmente a cada toque, sentindo profundamente o momento. Lembrando-se de se concentrar nos cinco sentidos, pediu que ele colocasse uma música. O restante dos detalhes se desenrolou como um ato de entrega e carinho – tudo em plena harmonia. Ao fim, descansaram nos braços um do outro.

Quebrando o silêncio reparador, ele olhou para ela e disse:

— Como você é feminina!

Pensativa, questionou-se por que razão aquela era a primeira vez que seu marido dizia algo assim.

As pétalas recebidas de sua mãe renderam grandes momentos. Elas foram essenciais para o fortalecimento de sua feminilidade. Uma mulher feminina exala um bom perfume. O banho, que envolvia o próprio "eu" de Barbara, foi significativo, assim como o momento a dois na cama, que simbolizava o "nós", a união completa.

Essa história é carregada de significados e podemos extrair alguns aprendizados dela:

1. Busque sua feminilidade, pois ela não se revelará de forma automática. A procura pelas suas pétalas perdidas mostra que, embora já sejamos femininas por natureza, é preciso tomar a iniciativa para explorar a feminilidade e vivenciá-la plenamente.

2 Desenvolva a consciência corporal e aprenda a apreciar seu corpo. Observe-o não com as lentes que você mesma ou o mundo impuseram a você, mas com o olhar de quem a criou: Deus.

3 Use os cinco sentidos na expressão de sua sexualidade. O cheiro das pétalas, o toque do corpo, a visão consciente, a escuta da respiração e da música, além do gosto das memórias a dois.

Ah... esses sapatos

Certa vez, ministrei uma palestra no Congresso de Mulheres, quando apliquei a seguinte técnica nas participantes: pedi que fechassem os olhos e se imaginassem entrando em seus quartos e colocando todos os seus sapatos alinhados. Em seguida, sugeri que visualizassem a si mesmas tirando seus calçados e pedindo a Deus que escolhesse outro par para substituir o anterior.

Naquele mesmo dia, após o evento, saímos para jantar com algumas amigas, que também palestraram, e seus esposos. Entre outras conversas, o assunto dos sapatos entrou em questão. Lembro que uma delas comentou que sentia Deus lhe colocando uma bota de guerreira, a outra recebeu um sapatinho de princesa e ainda outra, uma rasteirinha. Como pode um elemento feminino expressar as necessidades emocionais e espirituais de alguém daquela forma?

Ele não disse nada, apenas olhou surpreso, escolheu um scarpin no guarda-roupa e o colocou delicadamente em seus pés.

Estamos tão habituadas a trocas de sapatos, que nem sempre percebemos o que realmente importa. Para mim, uma pantufa aquecendo meus pés seria a expressão máxima do desfrute ao chegar em casa. No entanto, só podemos usufruir de algo quando temos a capacidade de perceber nossos sentidos — não por acaso a palavra "desfrute" foi inserida desde o início deste livro. Desfrutar da cura é algo que deve ser sentido com a mesma clareza com que percebemos sapatos confortáveis depois de um dia exaustivo.

Em outro congresso no qual fui convidada a ministrar, também ocorreu algo inusitado. Eu havia levado uma sandália da minha irmã, acreditando que combinava perfeitamente com a roupa que usaria. Contudo, minutos antes de entrar, senti um incômodo profundo. Naquele instante, veio à minha mente a história de Davi, que recusou usar a armadura de guerra que Saul lhe oferecera.

Rapidamente, entendi o recado. Tirei as sandálias, deixei-as embaixo da cadeira e ministrei a palestra inteira de pés descalços. Aqueles sapatos não me pertenciam. Apesar de servirem nos meus pés, não refletiam quem eu era, principalmente porque o salto tinha dois andares. Subir naquele púlpito descalça foi a grande chave para dizer que eu estava desarmada de qualquer vaidade, e creio que esse pequeno ato foi o que definiu o final da mensagem.

Por estar atenta ao que os sapatos representam, decidi encerrar meus grupos-piloto de feminilidade antes de escrever este livro, utilizando a técnica dos sapatos. Propus ao grupo que escolhesse novos sapatos que representassem diferentes tipos de mulheres.

Foi emocionante presenciar a transformação que isso gerou. Mulheres que nunca se imaginaram usando salto alto experimentaram a força que ele simbolizava. Outras, acostumadas ao ambiente profissional, aprenderam a colocar um tênis e desacelerar. Havia também aquelas que, sozinhas e sobrecarregadas, descobriram o conforto das pantufas. Até mesmo uma participante com transtorno obsessivo-compulsivo se permitiu usar sapatos com furos, desafiando seu perfeccionismo.

Jamais poderia me esquecer de uma mulher extremamente conservadora e recatada que, naquele dia, usou um scarpin de oncinha. Houve outra cuja história comoveu o grupo a ponto de ninguém conseguir decidir que sapato ela deveria usar. Depois de tantos desafios vividos, a escolha foi deixá-la de pés descalços. Para ela, aquela experiência trouxe uma sensação revigorante de liberdade, ao sentir o ar passando entre os dedos dos pés.

Algo verdadeiramente mágico acontece quando nos tornamos conscientes da nossa feminilidade.

E sabe qual foi a parte mais linda do encerramento? Decidi lavar os pés de uma por uma, em uma bacia com água morna. Relembrei o banho de Ester, como um banho de alma que simbolizava tanto as dificuldades quanto os avanços que cada mulher havia vivenciado durante os encontros.

Viver aquela experiência, observando os pés, os esmaltes e os dedos de cada uma, fez com que eu as enxergasse de maneira ainda mais singular dentro de suas próprias histórias.

O efeito em você

Que sapatos Deus escolheria para calçar seus pés? Eles não envolvem sua opinião, nem sua autoestima. Os padrões de Deus não mudam com as circunstâncias, mas são carregados de amor por quem você é. Portanto, permita que ele lhe dê novos calçados e aproprie-se de uma nova forma de caminhar.

Seus sapatos são únicos, feitos especialmente para você. Não há como usar um número maior ou menor, pois nenhum outro estará à sua altura. Não há sapato mais bonito, pois eles são *os seus* sapatos. Eles carregam o *seu* caminhar, o *seu* ritmo e a *sua* história. Foi Deus quem os escolheu primeiro! Permita-se abraçar essa visão divina e apropriar-se dessa verdade.

Além de calçar novos sapatos, você também irá incorporar uma nova visão sobre seu próprio corpo. Chega de dizer que o quadril é largo demais, a barriga é saliente ou que você é uma bola de gordura ou ponto de magreza.

Desvincule seu peso da sua imagem corporal e encontre novos significados para as partes do seu corpo que você ainda não aprecia. Se desejar melhorar, ótimo! Isso sempre é bem-vindo, mas lembre-se: seu peso não apaga a beleza das suas curvas. Agradeça sempre, pois o quadril é um símbolo de acolhimento, de gerar vida e nutrir uma criança. Sua barriga é o lugar que abriga órgãos importantes, fundamental para o seu bem-estar e humor. Os seios, que já amamentaram ou amamentarão, são um presente que carrega uma história de amor, cuidado e muitas renúncias.

Para refletir

Baseando-se na imagem a seguir, escolha nomes bonitos para partes do corpo que você não aprecia. *Lembre-se: é Deus quem calça novos sapatos em seus pés. Portanto, permita que o olhar que predomina seja o dele, não o seu. Deixe que ele aplique o colírio em seus olhos, trazendo nova visão e renovando sua perspectiva.*

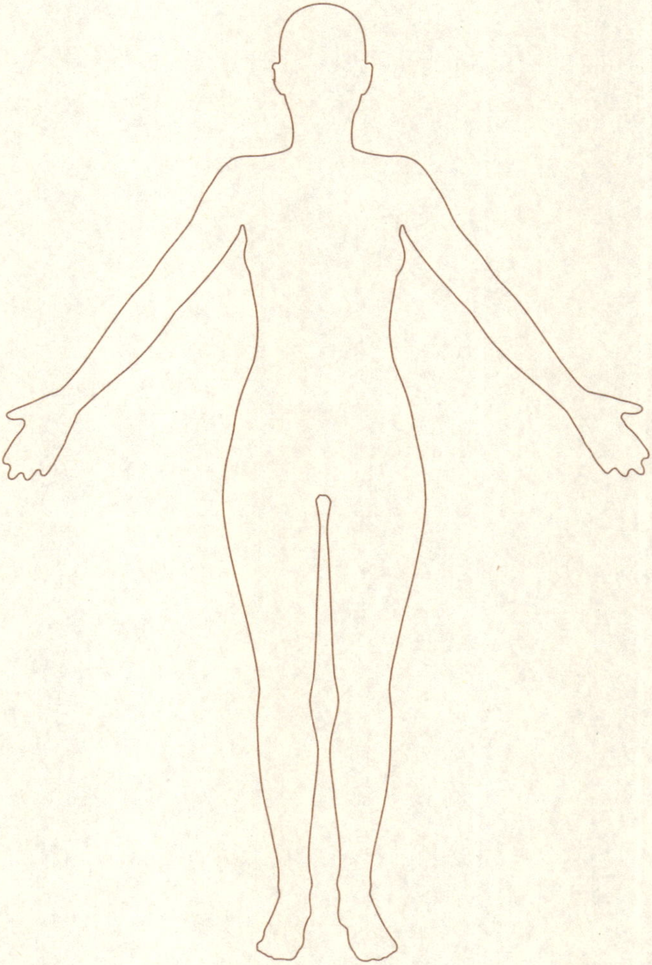

Karine Rizzardi

Feminina Femi
Feminina
Feminina • Femi • nina
Feminina
Feminina • Feminina • Feminina • Feminina
Femi nina Feminina
Feminina Feminina Feminina
Feminina • Feminina
Feminina Feminina
Feminina • Femi • nina
Feminina
Feminina
Feminina Feminina Feminina Feminina Feminina
Feminina • Feminina
Feminina

Parte 4

Fixação em novo nível

Parabéns por chegar até aqui! Você completou três das quatro etapas deste livro. Passou pela "Mudança de significados" sobre a feminilidade, pela "Desconstrução" dos rótulos da infância e entendeu a importância das características dos seus irmãos para equilibrar sua vida. Na fase da "Reconstrução", aprendeu a importância dos cinco sentidos para se tornar mais divertida sem perder a leveza.

Agora, um novo processo se inicia, e o objetivo é fixar comportamentos e entender por que tendemos a estagnar em nossa evolução. Com este último nível, você se sentirá ainda mais feminina nas áreas da beleza, força, doçura, maternidade, lar e comportamentos.

Capítulo 15

Estacionei

Para começar este capítulo sugiro uma pausa. Com tudo o que você leu até agora, é natural sentir um pouco de cansaço. Seu cérebro foi inundado com novas informações e, por isso, pode sentir que está prestes a travar.

Esse sentimento tem uma explicação: quando adotamos comportamentos aos quais não estávamos acostumadas e nossos neurônios ainda não registraram os novos hábitos, é comum surgir um esgotamento, acompanhado até de certa preguiça. Tal acontecimento tende a nos empurrar de volta ao conforto seguro das antigas práticas indesejadas. O nome desse processo, segundo Kurt Lewin, chama-se "Processo quase estacionário".[1]

Uma metáfora que ajuda a entender essa teoria é o exemplo clássico da dieta. Imagine que você precisa emagrecer 6 quilos. No início, com dedicação e esforço, consegue eliminar 4. Porém, ao se aproximar do objetivo, sua mente começa a relaxar: você come um pouco mais, reduz a frequência dos exercícios e desregula o sono. Esses pequenos deslizes fazem com que você estagne no peso e, muitas vezes, sabote seu próprio progresso.

---

1. LEWIN, Kurt. **Teoria de campo em Ciência Social**. São Paulo: Editora Pioneira.1965.

O que acontece é que sua mente ainda não se adaptou a viver em um novo estágio. Você deseja e se esforça, mas seu cérebro não assimilou completamente que está pronta para manter essa mudança. Afinal, para que isso aconteça, é necessário transformar o novo comportamento em um hábito consolidado.

Este livro está mexendo com seus hábitos? Você percebeu que a liberdade que ele propõe, mesmo oferecendo alívio, pode causar medo? Saiba que, sem preparação, seus temores e antigos hábitos acabam por puxá-la de volta à zona de conforto. No entanto, você tem a opção de dar um passo ousado e ir mais longe.

É importante saber que até a recaída é natural nessa fase. Embora desafiadora, ela é parte essencial do processo de mudança de comportamento. Mais do que inevitável, é necessária para consolidar novos padrões. Vale lembrar que ela começa na mente, antes mesmo de se manifestar nas ações.

Existem dois tipos de recaída: a primeira é quando a pessoa está apenas se preparando para alcançar um nível superior. A segunda diz respeito à autossabotagem. É como se alguém limitasse as próprias ações, impedindo a si mesma de explorar plenamente todo o seu potencial.

Se ambas forem encaradas de forma consciente, os tropeços não serão o problema; o que nos impede de evoluir é ficarmos estacionadas nelas.

Mudanças não acontecem da noite para o dia e, para se consolidarem, exigem paciência, mas trazem recompensas. Ao seguirmos por esse caminho, podemos alcançar áreas inexploradas de nossa identidade.

Descongelar, mudar e recongelar

Para que uma mudança real ocorra, é necessário que haja algum desequilíbrio ou crise interna que favoreça a alteração de percepções e a introdução de novas ideias, atitudes e reações. Isso é exatamente o que acontece na química: antes de uma verdadeira explosão, há uma colisão, como você já leu anteriormente.

Se o desequilíbrio ou a crise não surge, a pessoa tende a enxergar as situações sempre da mesma forma, bloqueando a possibilidade de explorar outros aspectos de si mesma.

Usando uma analogia, diria que somos como um cubo de gelo. No início, estávamos sólidos, rígidos, e precisamos ser descongelados até alcançarmos um estado líquido (Desconstrução). Depois, fomos para o freezer e nos tornamos algo intermediário: metade água, metade cristais de gelo. Houve progresso, mas ainda há mais por vir (Construção). Por fim, no terceiro estágio, tivemos de permanecer um pouco mais no freezer, solidificando-nos completamente até alcançarmos nosso novo estado e, enfim, tornarmo-nos um gelo verdadeiro (Fixação em um novo nível).

Essa fase de congelamento (Fixação em um novo nível) é essencial para o nosso treinamento e fortalecimento, permitindo que as mudanças se consolidem e evitando o retorno de antigos comportamentos.

Nesse sentido, tão importante quanto mudar é celebrar cada pequena transformação que conquistamos ao longo do caminho, pois são essas vitórias que nos fortalecem para seguir em frente. O ato de celebrar não é apenas um momento de alegria; é também um rito que renova e refaz a identidade, funcionando como um compromisso consigo mesma.

Barbara, por exemplo, celebrou suas vitórias no carrinho de rolimã quando sua irmã a levou entre as borboletas. Apesar do medo da liberdade, ela se arriscou. Da mesma forma, fixar-se em um novo estágio significa permitir que as mudanças se integrem à sua cultura mental, desenvolvendo formas de sustentar seu progresso. Quando você fizer isso, mostrará que está realmente pronta para abraçar sua nova fase.

No quadro abaixo, temos uma visão sintética desses estágios:

[Figura 1 – Mapa mental dos Estágios de Mudança]

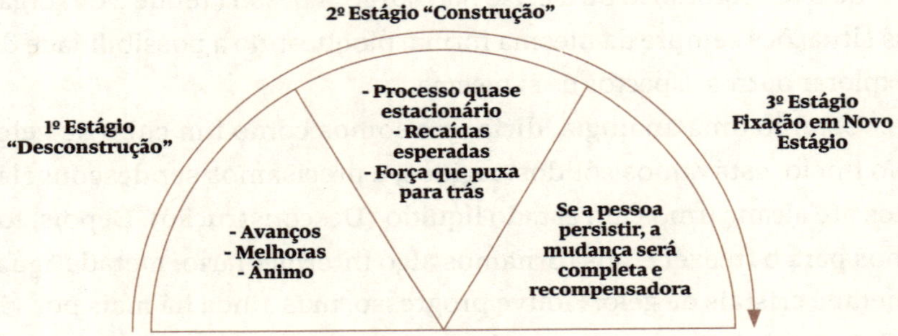

Fonte: Karine Rizzardi

Um exemplo que clarifica bem a compreensão da recaída quase estacionária aconteceu em um dos encontros dos grupos de feminilidade, onde uma das mulheres comentou:

— Tenho me esforçado, mas não consigo. Tentei ser mais feminina, porém é difícil. Carrego uma empresa nas costas, e meu marido ainda reclama de eu vir aqui, justamente porque fico ausente do trabalho. Ele não me apoia e não quer que eu tenha um tempo para mim.

Enquanto a ouvíamos com atenção e amor, uma certeza se revelou: ela já está realizando mudanças significativas, e isso está assustando o cônjuge. Sua melhora o desafia a ocupar o seu lugar no masculino. Mesmo uma leve mudança foi suficiente para gerar nele desconforto, desestabilizando os papéis cômodos que ambos haviam assumido.

Todo casal se baseia em um de dois tipos de contrato emocional: ou se conectam pelo crescimento mútuo, ou se conectam pela manutenção do *status quo*.

O casal que se conecta pelo crescimento pode enfrentar desentendimentos e desajustes, mas mantém o foco no avanço da família. Já o casal que se conecta pela manutenção evita brigas e debates, mas também não evolui, permanecendo sempre igual.

No caso dessa mulher, o esposo, mesmo sem perceber, desejava que ela recaísse e permanecesse no processo quase estacionário, evitando mudanças que desestabilizassem a dinâmica do casal e o obrigassem a mudar também. Isso pode acontecer com você, então esteja preparada para suportar um desequilíbrio temporário.

Uma forma clara de percebermos que estamos em processo de mudança é o surgimento do conflito interno, a chamada "colisão mental". Esse conflito é a própria química da transformação acontecendo dentro de você e, inevitavelmente, impactando também os relacionamentos ao seu redor, como no caso do esposo dessa mulher.

A única maneira de garantir uma mudança verdadeira é fixá-la em uma nova forma de agir. Ela só precisava de uma força para impulsioná-la a esse novo lugar, pois, sem isso, a tendência é a recaída. Resistir ao avanço nada mais é do que resistir à existência. Leva tempo para abraçar um novo caminho, especialmente porque, muitas vezes, outras pessoas se beneficiam do seu jeito antigo de ser.

Resistir ao avanço nada mais é do que resistir à existência.

Esta etapa do livro é um treinamento, e você não está sozinha. Toda mudança exige que você se despeça do velho e seguro, para então abraçar o desconhecido, o incerto e o novo. Embora seja um caminho ainda não trilhado, cada fase traz recompensas e gratificações.

O antigo já não combina mais com quem você está se tornando, e as estratégias do passado já não servem para o momento presente. É hora de seguir adiante.

Não se surpreenda se as críticas às suas melhorias vierem justamente de quem está mais próximo de você, como cônjuge, filhos ou colegas de trabalho. Isso ocorre porque sua mudança pode causar desconforto, já que suas novas atitudes podem parecer imprevisíveis para eles.

Ainda assim, persista, pois sua transformação terá reflexos positivos em toda gama de relacionamentos.

Nos próximos capítulos, você será guiada por um treinamento para se fixar nesse novo estágio, consolidando sua evolução. Assim, poderá dizer com confiança: "Olhei para o meu futuro, gostei do que vi e estou caminhando para lá!".

Perguntas para reflexão

1. Em que estágio você se encontra? No primeiro, de desconstrução inicial? No segundo, de melhorias com momentos de estagnação? Ou no terceiro, pronta para fixar seus comportamentos em um novo nível? Justifique sua resposta.

2. Quais foram as suas micromudanças até agora?

3. Quais áreas ou comportamentos ainda a mantêm no processo quase estacionário, seduzindo seus pensamentos para que você não evolua, mas retorne ao estágio anterior? Se tiver dificuldade em avaliar, volte ao capítulo com os desenhos do tubo para se autoperceber.

4. Quais forças você ainda precisa ativar para romper de vez e se tornar uma mulher feminina e transbordante? Liste alguns comportamentos que você precisa adotar.

nina Feminina Femi

Feminina

na Feminina • Femi • nina

Feminina

Feminina • Feminina • Feminina Feminina •

Femi nina Feminina Feminina

Feminina Feminina Feminina

Feminina • Feminina

Feminina Feminina Feminina

na Femini

Feminina Feminina

Feminina • Femi • nina

Feminina

Feminina •

Feminina Feminina Feminina Feminina Feminina Feminina

Feminina • Feminina • Feminina na

Feminina

emini na

Capítulo 16

Beleza, força e doçura

Sempre gostei de filmes que mostram o antes e depois das pessoas. Quando era mais jovem, assistia à novela mexicana *Betty, a feia*,[1] um típico drama romântico. A personagem principal era uma mulher considerada feia, com aparelho nos dentes, óculos grandes, roupas antiquadas e uma postura profissional. Era apaixonada pelo chefe, que sequer notava sua existência. Com o tempo, ela vai se transformando: tira os adereços esquisitos, arruma o cabelo, troca o estilo e, de repente, o rapaz começa a vê-la de outra forma.

Essa e outras histórias de filmes que retratam o processo de mudança são repletas de elementos que nos fascinam. Quem não se encantou com a cena de *Miss Simpatia*,[2] quando Sandra Bullock entra desleixada, depois passa por depilação, cuida das sobrancelhas, melhora a postura, aprende a sorrir de maneira elegante e, de repente, veste um vestido bem feminino? Ao abrir as portas do hangar, ela sai completamente diferente de como entrou.

---

1. BETTY, A FEIA. Direção: Mario Ribero Ferreira. Produção: RCN Televisión. Colômbia: RCN Televisión, 1999.
2. MISS SIMPATIA. Direção de Donald Petrie. Produção: Sandra Bullock. Roteiro: Marc Lawrence, Katie Ford, Caryn Lucas. Estados Unidos: Max, 2001, 1 DVD.

Por que as histórias de antes e depois geram tanto interesse em nós? A resposta é simples: o processo de mudança desperta a força interior nas pessoas. Esse fascínio é tão estudado por psicólogos americanos, que os programas de televisão exploram o conceito em diversas áreas: casas transformadas, carros renovados, corpos após cirurgias, programas de emagrecimento, mudanças de estilo, moda diferenciada, entre outros. Gostamos do antes e depois porque nos inspira a acreditar que também podemos nos transformar e alcançar nossos próprios resultados.

O lado oculto da beleza

Queremos, e podemos, ser bonitas, elegantes e percebidas, e não há nada de errado nisso, desde que a busca pela beleza não se torne uma escravidão. Uma infinidade de pesquisas sobre comportamentos femininos dos últimos cem anos tem sido feita, entre as quais identifiquei um padrão alarmante que se repete como uma onda a cada 30 anos: há uma indústria que provoca competição entre as mulheres e se concentra na busca pela imagem "ideal". Esse padrão nos enfraquece e isola.

A intenção de fazer as mulheres competirem entre si

Salomão foi sábio ao escrever que todo ser humano é guiado pelo desejo de se sobrepor ao outro (cf. Eclesiastes 4.4). O que significa que há uma necessidade subjacente de nos sentirmos superiores, mesmo que de forma velada.

O mercado de roupas, acessórios, fitness, maquiagens, cosméticos e todo o universo feminino retratado pela publicidade é projetado para fomentar divisão e competitividade, com o objetivo de gerar lucro. Porém, o verdadeiro desafio dos anunciantes está em convencer as mulheres de que estão insatisfeitas, inquietas e inseguras, competindo umas com as outras. Esse processo é essencial para o sistema, pois, se as mulheres se sentissem confiantes com sua própria beleza, deixariam de ser vulneráveis a essas influências.

Entenda: o problema não está em você ou em sua beleza, mas há algo mais amplo que precisa ser considerado. Estamos inseridas em um processo altamente organizado, em que o combustível que alimenta essa dinâmica é a criação, na mente da mulher, da ideia de insatisfação e inferioridade. Uma mente insatisfeita torna-se mais vulnerável à manipulação, fazendo com que a pessoa consuma mais, gaste mais, contente-se menos e sofra com mais intensidade, gerando lucro para o sistema.

Uma mente insatisfeita torna-se mais vulnerável à manipulação, fazendo com que a pessoa consuma mais, gaste mais, contente-se menos e sofra com mais intensidade, gerando lucro para o sistema.

Você consegue dominar uma mulher, expondo-a à culpa, aos medos e à vergonha. Para mantê-la escrava, o sistema precisa fazer com que ela acredite que nenhum trabalho é árduo ou pesado demais. É necessário criar rapidamente uma necessidade maior, exaurindo-a psicologicamente, para que ela nunca pense que está fazendo o suficiente.

Com o advento das redes sociais, que oferecem um ambiente ideal para exposições, o objetivo é nos manter presas de forma que tenhamos cada vez menos tempo livre. Essas plataformas nos distraem continuamente, reforçando a sensação de dependência. Quanto menos tempo disponível, maior o cansaço, e quanto mais cansadas, mais nossa mente se torna vulnerável à manipulação e às influências tóxicas do ambiente como um todo.

Dessa forma, nosso humor se altera, nossos hormônios se desestabilizam e o sono se desregula. Mas de quem é a culpa? O sistema quer nos convencer de que a responsabilidade é nossa, por sermos insuficientes.

Por que ficamos presas na compulsão pelo “perfeito”? Porque criamos e consumimos imagens de mulheres tão irretocáveis, que parecem inatingíveis, alimentando a sensação de fracasso, quando, na verdade, precisamos umas das outras para avançar.

Enquanto estivermos anestesiadas por esse sistema, continuaremos nessa roda incessante, tentando ser a supermulher que o mundo espera. Não basta ser bem-sucedida financeiramente, é preciso também ser bela, magra, poderosa, bem-casada, com filhos impecáveis — em resumo, um caso de sucesso. Só de listar essas exigências, já estou exausta.

Explosão de poder e transformação

Cuidado! O peso dessa sensação de insuficiência nos torna não apenas cansadas e inadequadas, mas também sozinhas, isoladas. No entanto, o antídoto para esse enfraquecimento é a união. Quando as mulheres se unem, há cura, há poder e há trocas significativas. Barreiras de vergonha, medo e culpa se rompem, e conseguimos respirar, como se finalmente vestíssemos uma calça que nos serve, em vez de tentar caber em uma que nos aprisiona.

A verdadeira liberdade surge quando nos apoiamos umas nas outras. Como diz Provérbios 18.1: "Quem se isola busca interesses egoístas e se rebela contra a sensatez". O isolamento nos condena ao fracasso social, impedindo que brilhemos juntas. Até o Sol, em sua majestade, dá lugar à Lua, permitindo que ela brilhe em sua forma singular. Não deveríamos fazer o mesmo?

Imagine que cada pessoa é uma vitamina essencial. Quando nos isolamos, é como se nos nutríssemos de um único alimento, privando-nos da riqueza de uma dieta completa. Ou seja, a união não apenas nos fortalece, mas também nos enriquece de várias maneiras.

Ao se manter isolada, a química da feminilidade não se manifesta plenamente, pois é na conexão com os outros que a energia é ativada e os elementos se combinam de forma harmoniosa. Só assim, juntas, podemos gerar uma verdadeira explosão de poder e transformação.

Você pode ser como a vitamina C, uma amiga antioxidante que estimula e encoraja os que estão ao seu redor. Embora seja boa por si só, também precisa de uma amiga como a vitamina D, que fortalece nos dias difíceis e ajuda a estruturar os fatos. Da mesma forma, é essencial ter uma amiga tipo vitamina A, com uma visão contagiante da vida, que traz clareza e perspectiva para todos.

Mulheres unidas permanecem imunologicamente fortalecidas. Sei que algumas amizades podem nos frustrar, o que às vezes nos leva a uma autoproteção. No entanto, se olharmos por outro lado, podemos aprender até com pessoas de quem acreditamos não terem nada a ensinar.

Pense comigo: a busca da beleza nunca deve ser um peso, mas diversão e autocuidado. Quando colocamos uma carga em algo que poderia ser leve, perdemos a verdadeira química da feminilidade.

Um exemplo de doçura e força

Em seu processo de transformação relacionado à beleza, à força e à doçura, Barbara enfrentou situações confrontadoras. Depois de elaborar melhor esses aspectos dentro de si, por meio das conversas com sua irmã e os encontros comigo, ela percebeu como a ativação dos cinco sentidos trouxe mudanças até mesmo nas discussões.

Quando colocamos uma carga em algo que poderia ser leve, perdemos a verdadeira química da feminilidade.

O confronto se deu durante um encontro com as amigas, quando uma disputa surgiu entre Barbara e uma delas, aparentemente por um motivo trivial. Com seu jeito clássico de mulher forte, Barbara sempre se comunicou de forma clara e convicta, expressando abertamente suas opiniões e exercendo uma influência marcante sobre as demais. Uma das amigas, por outro lado, exalava doçura natural nas atitudes.

Reservada e ponderada, escolhia cuidadosamente as palavras, ouvia mais do que falava e conquistava a atenção ao seu redor com uma presença discreta, mas marcante.

Certa noite, durante um jantar, elas iniciaram um debate casual sobre o verdadeiro significado de ser feminina e como isso se aplicava ao casamento. Enquanto compartilhavam suas opiniões, a mulher dócil, com sua serenidade característica, interrompeu o silêncio e disse:

— Eu costumo escolher as batalhas que quero enfrentar com meu esposo. Dou tempo para que alguns conflitos se resolvam antes de avançar para outros.

Barbara, imediatamente, respondeu:

— Eu não acho que precisamos escolher batalhas. O que precisa ser resolvido na vida do casal tem de ser feito na hora.

Essa declaração causou grande polêmica entre as demais, gerando desconforto e desestabilizando a harmonia do grupo.

Barbara não se conteve e falou que a doçura da amiga revelava superficialidade, argumentando que nenhuma mulher consegue ser dócil e amável o tempo todo.

Por sua vez, a amiga dócil não reagiu de imediato. Percebendo que algumas delas já haviam sido influenciadas pelas palavras de Barbara, manteve-se em silêncio. Com calma e elegância, ouviu tudo o que fora dito, refletiu por um instante e, então, respondeu:

— A doçura não é ausência de força, Barbara. É uma escolha. Sabe, sinto muita vontade de te abraçar, porque tenho muita admiração por você. Vejo o quanto é maravilhosa e como se empenha em agir da melhor forma. No entanto, algo me chama atenção: você começa a falar com sabedoria e propósito, mas termina dominada pelas emoções. É como se suas palavras, que inicialmente carregam convicção, fossem gradualmente sendo transformadas por um tom de dureza que pode soar impositivo. Cuidado, porque sua voz carrega influência, e isso pode levar as pessoas a acreditarem em algo que não reflete totalmente a verdade.

A conversa ficou no ar, e o grupo decidiu mudar de assunto, já que as mulheres presentes estavam divididas entre as ideias de Barbara e as da amiga.

Quando ela trouxe esse assunto para a sessão, comentei:

— Quero que perceba algo importante: o que vocês viveram não se trata apenas de duas pessoas discutindo e uma plateia dividida. O clima tenso surgiu porque essa é uma batalha interna que todas as mulheres enfrentam: sermos dóceis ou agirmos com força? Ambas as qualidades são indispensáveis — eu disse. — Hoje, celebra-se mais a força do que a doçura, como vemos nas mudanças culturais, substituindo histórias de princesas por heroínas, como Capitã Marvel e Mulher-Hulk. Porém, para vencer as batalhas da vida, Barbara, você precisará buscar o equilíbrio dentro de si. Usar a doçura e a força como ferramentas complementares é uma característica nobre que todas nós podemos desenvolver.

Barbara considerou nossa conversa, refletindo sobre sua postura que não condizia com a mulher que estava se transformando. Naquele mesmo dia, chamou sua amiga e, com carinho, pediu desculpas por suas atitudes, reconhecendo que sua irritabilidade era, na verdade, um reflexo de sua dificuldade com o lado suave do feminino. Mas, agora, estava pronta para respeitar sua amiga e procurar também o equilíbrio em suas próprias palavras.

Dúvida entre ser dócil ou forte

E você, é do perfil forte ou dócil? Conhece alguma pessoa que transita bem entre essas duas características?

A palavra de Deus nos ensina sobre a importância de termos um espírito dócil e tranquilo, pois essa é a verdadeira beleza de uma mulher (cf. 1Pedro 3.4). Pedro lembra que as santas mulheres do passado se "vestiam" com essa atitude.

Lutar nossas batalhas com doçura não significa que seremos bobas ou fracas, mas que adotaremos uma postura de respeito e serenidade, mesmo em momentos difíceis. As recompensas são imensuráveis.

Por outro lado, há um versículo que merece nossa atenção. Em Provérbios 31.25, lemos que a mulher virtuosa "reveste-se de força".

Perceba que esses dois textos têm algo em comum: ambos falam sobre o ato de "vestir". Isso nos leva a compreender que, assim como trocamos nossas roupas, devemos nos "re-vestir" dessas duas virtudes, ainda que em sua personalidade uma predomine mais que a outra.

Há momentos em que, mesmo sendo dóceis, precisamos ativar nossa força e nos revestirmos dela em diversas situações. O contrário também é verdadeiro: conhecendo nossa valentia, é essencial nos adornarmos com doçura, como se usássemos um colar, um brinco ou roupas mais delicadas. Quando alguma estratégia não está funcionando com seus filhos, esposo ou pessoas ao seu redor, significa que talvez seja hora de trocar o vestido que você costuma usar com mais frequência.

Você pode até se irritar com quem é diferente de você nessa área — como aconteceu com Barbara e sua amiga —, mas também pode aprender com as pessoas. Se estiver aberta, alcançará muitos frutos. A mesma pessoa que é dócil também pode ser firme e posicionada. Afinal, somos um pouco de tudo, e o segredo está em saber quando usar uma ou outra qualidade.

Barbara, ao trabalhar suas próprias questões emocionais, reequilibrou a postura de força com gestos de doçura, alcançando resultados muito mais positivos e eficazes na família, com as amigas e com as pessoas que a cercam.

Para refletir

Deus foi o primeiro estilista do planeta, e se participasse de um desfile de moda em Milão, seguramente faria duas coisas: lembraria que precisamos de novas vestes, que consistem de uma feminilidade mais suave e divina e jamais promoveria uma competição de beleza, pois a comparação não faz parte de seu dicionário. Em vez disso, destruiria os troféus, porque somos singulares e dignas de vivermos livres de comparações.

Em oração, convide o Senhor para ser seu *personal stylist* e seus sentidos começarão a se apurar nessa área. Você entenderá que o desejo pela beleza não é excessivo, mas, na verdade, é escasso. Nós nos limitamos apenas ao autocuidado ou às características de personalidade, como força ou doçura, deixando de explorar a beleza em toda a sua plenitude.

Convido você a seguir o rito a seguir e observar como ele pode ajudar a romper com seu estado estacionário:

- *Ao tirar sua roupa para o banho ou para dormir,* desnude suas motivações. Permita-se ter a humildade de reconhecer suas falhas, deixando que aflore um coração aberto e ensinável.

- *Ao acordar pela manhã e escovar os dentes,* pense sobre a higiene das palavras que precisa ter com as pessoas ao seu redor. Evite o vocabulário excessivo, a fofoca, a autopromoção ou falar sem controlar o espírito. Lembre-se de Provérbios 16.24: "As palavras agradáveis são como um favo de mel: são doces para a alma e trazem cura para os ossos". Controle a vontade de se exaltar em postagens no Instagram. Use sua voz para inspirar, compartilhar o bem e edificar, em vez de buscar validação ou autopromoção. "Que outros façam elogios a você, não a sua própria boca; outras pessoas, não os seus próprios lábios" (Provérbios 27.2); "Se você agiu como insensato e se exaltou, ou se planejou o mal, tape a boca com a mão! Pois, como bater o leite produz manteiga e torcer o nariz produz sangue, assim provocar a raiva produz contenda (Provérbios 30.32-33).

- *Ao se maquiar,* observe o que cada elemento pode representar: a *base* no rosto nos lembra de que o verdadeiro sustento de nossa vida deve ser a palavra de Deus. O *pó iluminador* nos recorda de que, ao buscar intensamente a presença de Deus, podemos refletir sua luz, assim como o rosto de Moisés brilhou. O *blush* remete a Provérbios 15.13, mencionando que o coração alegre traz beleza ao rosto. Que a alegria em Deus seja visível em sua expressão. Ao passar o *rímel*, medite em Salmos 119.37: "Desvia os meus olhos das coisas inúteis; faz-me viver nos caminhos que traçaste". Por fim, ao aplicar o *batom*, traga à memória Provérbios 16.24: "As palavras agradáveis são como um favo de mel: são doces para a alma e trazem cura para os ossos".

- *Ao escolher um colar para o pescoço,* cite: "Que o amor e a fidelidade jamais o abandonem. Prenda-os ao redor do pescoço, escreva-os na tábua do seu coração. Então, você terá o favor e a aprovação aos olhos de Deus e dos homens" (Provérbios. 3.3-4).

- *Ao colocar ou tirar um dos brincos,* diga para si mesma: "Quem ouve a repreensão que dá vida habitará à vontade entre os sábios" (Provérbios 15.31).

- *Ao pentear o cabelo,* busque a sabedoria: "O princípio da sabedoria é: adquira-a, e use tudo o que você possui para adquirir entendimento. Valorize-a, e ela o exaltará; abrace-a, e ela o honrará. Ela porá um belo diadema sobre a sua cabeça e lhe presenteará com uma coroa de esplendor porque ela a exaltará" (Provérbios 4.7-9).

- *Ao se vestir,* pense na mulher virtuosa que se reveste de força e se adorna com a doçura (cf. Provérbios 31.25 e 1Pedro 3.4). Também em Jó 30.18, que diz: "Como um manto, Deus me envolve com seu grande poder; aperta-me como a gola da minha túnica".

Se você não conseguir se lembrar de todos os versículos que mencionei, faça apenas esta oração, enquanto maquia cada parte de seu rosto:

> *Pai, abra meus olhos para que eu possa ver como o Senhor vê. Aguce meus ouvidos para ouvir o que preciso. Toque em meus lábios para que sejam cura para os outros. Que meu toque traga afago e que eu exale o perfume que faça sua presença ser sentida. Em nome de Jesus, Amém!*

Quando adotamos um olhar mais amplo sobre a beleza, certamente seremos uma antes e outra depois, assim como aconteceu com *Betty, a feia* ou com a protagonista do filme *Miss Simpatia*. Há uma força poderosa quando os outros percebem nossas mudanças, e essa transformação pode ser tão impactante que inspire outras mulheres a seguirem o mesmo caminho.

Capítulo 17

O bolo do arrependimento

"Então se abrirão os olhos dos cegos e se destaparão os ouvidos dos surdos" (Isaías 35.5). Eis o que precisa acontecer conosco no que se refere à maternidade. Este capítulo é dedicado àquelas que já são mães e às que desejam se tornar um dia.

Rapunzel

Após assistir, com minhas três filhas, ao filme *Enrolados*,[1] por um breve momento de fantasia, imaginei como seria fazer terapia com a Rapunzel. Visualizei-a sentada na poltrona, com seus longos cabelos espalhados pelo chão, quase bloqueando a porta. Em meio a conversas e reflexões, pensei que ela teria razões suficientes para afirmar que a causa de todos os seus problemas era sua mãe, que parecia sempre pensar apenas em si mesma, alimentando-se do poder da filha.

---

1. Walt Disney Animation Studios. *Enrolados* (NetFlix). Direção de Nathan Greno, Byron Howard. Roteiro: Dan Fogelman. Produção de Walt Disney Pictures, 2010.

Por desejar que a filha permanecesse bela o resto de sua vida, sua mãe a mantinha presa, diminuindo-a e desvalorizando-a, com um discurso de orgulho sempre pronto: "Sua mãe sabe mais...". Essa história clássica tem me levado a refletir profundamente sobre a maternidade e alguns perigos velados aos quais estamos expostas, muitas vezes sem perceber os efeitos sutis que se espalham em nossos relacionamentos e em nossa própria identidade.

Será que as mães da atualidade não estão parecidas com a mãe da Rapunzel?

Alguma vez, você já se sentiu como a mãe da Rapunzel, que pensava mais em seu bem-estar do que no de sua família? Talvez com um foco no brilho pessoal, com atitudes de falsa proteção, que revelam a ausência emocional de uma grande parte delas. No filme, percebemos nitidamente uma inversão de papéis, que desregula todas as funções de saúde emocional de uma família inteira.

Precisamos de mães disponíveis, então é hora de voltarmos o coração para a nossa casa! Podemos ter centenas de boas ideias e sermos bem-intencionadas sobre projetos profissionais dignos de admiração, mas executá-los na hora errada é o mesmo que cometer suicídio.

Se você focar apenas no trabalho profissional enquanto seus filhos ainda são pequenos, não se surpreenda se começar a sentir insônia, irritabilidade ou impaciência ao interagir com eles. É o seu lado feminino pedindo que você diminua o ego e aumente a renúncia. Algo está em desequilíbrio. O que emerge disso, muitas vezes, é uma busca superficial por validação.

A verdadeira chave para o equilíbrio é o que é mais precioso: nosso desfrute. O sono profundo é a consequência de uma mente tranquila e sábia. Por isso, aceite as limitações temporárias, como a falta de tempo, e se não for possível fazer algo agora, não force. Entenda que seus projetos mais ambiciosos podem ser iniciados plenamente quando seus filhos atingirem uma idade em que já tenham mais autonomia e possam carregar consigo os valores que você já cultivou neles. Eu sei que é uma tentação difícil de resistir, pois há muitas pressões externas, mas a maternidade é uma ótima fase para trabalharmos o egoísmo.

O coração sábio consegue identificar o tempo certo e a maneira adequada de agir em cada fase da vida. Se aquelas que são mães se dedicarem a algo grandioso e deixarem os filhos em segundo plano, irão se comportar como a cegonha que não tem discernimento, mencionada em Jó 39.13-18.

Esses versículos me ajudaram a frear minhas vontades, especialmente quando estava com minhas três filhas pequenas, pois eu vivia cheia de ideias profissionais grandiosas, incluindo projetos pessoais mirabolantes. Veja o que dizem os versículos 14-16: "Ela abandona os ovos no chão e deixa que a areia os aqueça, esquecida de que um pé poderá esmagá-los, que algum animal selvagem poderá pisoteá-los. Ela trata mal os seus filhotes, como se não fossem dela, e não se importa se o seu trabalho é inútil".

Quanto mais estamos no lugar certo, sem público e sem palco, mais Deus nos dará velocidade na hora em que ele desejar nos expor. Sei que frequentemente colocamos nossas falhas no trabalho como justificativa — seja pela pressão que sentimos, pelo sucesso que conquistamos ou pela real necessidade de apoio financeiro em casa. Mas há ações que exigem pouco tempo, como 10 minutos na cama antes de dormir, um café feito com carinho ou um tempo juntos no banho, que não custam nada a ninguém.

Para que novos hábitos nasçam, é preciso matar um antigo e, para isso, é necessário fazer a greve da preguiça. Só assim: "[...] os olhos dos cegos se abrirão, e os ouvidos dos surdos se destaparão". Eu e você precisamos diariamente extinguir hábitos nocivos.

Nossos traumas podem vir de nossos próprios ídolos

Entendo e acolho a dor da Rapunzel, mas confesso que ouvir pessoas atribuindo seus fracassos apenas às faltas ou negligências dos pais dói no meu coração. Enxergar os pais como filhos, e não apenas como pais, abre um universo de compaixão e gratidão.

Sei que esse comentário pode soar estranho, mas já é hora de pararmos de culpar os pais e as mães por todos os nossos problemas. É tempo de abandonarmos as velhas desculpas que nos mantêm estacionadas e elevarmos o nível das nossas reflexões.

O objetivo deste capítulo não é focar no que você não pode mudar, mas ajudá-la a se fixar em um novo nível de compreensão. A verdade sobre nós mesmas é que, embora muitos de nossos traumas venham de experiências que não deveriam ter acontecido, felizmente temos uma capacidade extraordinária de nos renovarmos.

Acompanhe o raciocínio: todo ser humano tem a necessidade de vínculos. Quando eles se baseiam em pessoas, podemos dizer que são positivos, mesmo que cheios de problemas. No entanto, diante de uma frustração, geralmente as pessoas buscam outras formas de conexão. É nesse momento que nascem os ídolos, que se tornam companhias diárias, preenchendo os pequenos momentos de solidão.

Se os filhos não se concentrassem apenas em seus ídolos pessoais — representados pelos vídeos da internet, pelo descontrole nas distrações e o foco excessivo em si mesmos — não seriam tão egoístas e poderiam auxiliar muito mais seus pais, encontrando neles um ambiente de troca para conversas maduras.

Se muitos homens não se envolvessem com ídolos, como a pornografia, corpos de mulheres que não são suas esposas e ambições egoístas, não causariam tantos traumas em mulheres e filhos, gerando separações, brigas e conflitos desnecessários. Se tantas mulheres não idolatrassem suas conquistas profissionais ou seu destaque pessoal, poderiam abrilhantar mais suas famílias, pois estariam conectadas à essência de suas personalidades. Colocariam suas ações em equilíbrio, pois o foco inicial deve ser sempre o esposo, os filhos e a casa.

Além dos ídolos ocultos em nosso coração, há um problema ainda mais profundo que pode se instalar no ambiente familiar: o Inimigo de nossas almas trabalha para nos convencer de que nossas dores são causadas por nossos pais. Na verdade, essa é apenas uma estratégia para nos afastar deles, levando-nos a culpá-los e atribuir-lhes todas as falhas. Porém, não precisamos compactuar com isso.

Pais merecem nosso respeito, cuidado e atenção, independentemente de seus erros. E se há algo que precisa ser tratado, são os ídolos que ninguém ousa tocar. Sabe por quê? Porque ninguém os vê. Os ouvidos estão entupidos e os olhos estão cegos.

Culpar os pais é uma cortina de fumaça para não enxergar o óbvio: "Toda família tem um ídolo de estimação". E se você quer identificar o seu, basta observar a quais atividades sua família dedica mais tempo.

Lembre-se: ídolos não são coisas necessariamente ruins, mas são tudo em que você emprega força — além do equilíbrio —, como se ocupasse o trono do seu coração. Eles são dopamínicos e trazem uma ótima recompensa para a alma. Não devemos negar que os temos, antes, admiti-los e colocá-los em seus devidos lugares.

No início, é como se estivéssemos nos olhando no espelho, percebendo nossas feiuras, semelhantemente à mãe da Rapunzel, que no fim se desfez em pó. Identificar ídolos produz cura para as nossas relações e alma.

As mães devem abrir seus cinco sentidos na área da maternidade, porque essa é a esfera onde nosso lado feminino mais implora por atenção — se você não é mãe, observe sua relação com sua própria mãe, porque isso se refletirá em outros relacionamentos e a ajudará a errar menos.

Portanto, investigue com seus filhos quais dos seus sentidos estão menos desenvolvidos. Ouça com atenção o que eles dizem: "Você escuta pouco"; "Nem olha o que acontece comigo!"; "Não cozinha nada."; "Dá pouco carinho". Permita que suas percepções sejam ampliadas através do que eles compartilham.

Uma mulher precisa, sim, colocar-se em último lugar e negar suas vontades temporárias para construir sua família, pelo menos durante alguns anos de sua maternidade. Mulheres que cuidam dos filhos e do esposo têm vidas inspiradoras, com frutos geracionais fortalecidos. Elas enfrentam desafios como qualquer outra mulher, mas são honradas exatamente por sua dedicação e cuidado — não por terem se anulado, como algumas teorias atuais sugerem. Aquelas que têm ouvidos ouçam (cf. Apocalipse 2.7a).

Para aonde vão os nossos fracassos?

Como você lida com os erros de sua família? Eles se tornam pontes que unem e fortalecem, ou se transformam em abismos de conflitos infindáveis? Se você estiver disposta a observar com atenção e ouvir com o coração aberto, esta reflexão pode transformar sua percepção sobre o que significa ser mãe. Especialmente se sua experiência com sua mãe carrega marcas de negatividade ou se, por vezes, você sente que está apenas "cumprindo o papel", caso já seja uma progenitora.

Todas nós sabemos que, ao criticarmos nossos filhos, muitas vezes estamos, na verdade, criticando a nós mesmas como mães. É um reflexo inevitável, mas igualmente injusto. Também não podemos buscar reconhecimento por algo que já faz parte do nosso papel: ser mãe é, por si só, uma entrega constante.

Dentro de casa, é natural que surjam brigas e conflitos, um reflexo do esforço contínuo para alinhar os desajustes. Cobramos e somos cobradas, mas me pergunto: para aonde vão nossos fracassos — e os de nossos filhos — se não tivermos um espaço seguro para liberar nossas dúvidas e acolher nossas imperfeições?

Existe algum lugar neste planeta que seja seguro e acolhedor o suficiente para falarmos de nossos erros, sem medo de acusações ou de sermos constantemente lembradas do quanto erramos? Qual de nós não deseja um colo, um espaço onde possamos compartilhar nossos tropeços sem máscaras, sem receios, podendo até virar piada ou risada, sem que a vergonha tome conta? E acredite: esse desejo não é exclusivo das mulheres. Homens também anseiam por esse lugar. Se fosse diferente, por que tantos buscam amantes ou a companhia de amigos de bar para aliviar suas imperfeições?

A realidade é que estamos cansadas de vestir a roupa da perfeição, quando na verdade, só precisamos de um espaço onde possamos nos reestruturar. Esse lugar precisa ser nossa casa. Treine as pessoas da sua família para se unirem, até que se torne hábito. Isso não significa que ficaremos cegas para os defeitos de nossos familiares, mas eles saberão que, apesar dos defeitos, todos nós permaneceremos juntos.

É natural que os ciclos de proximidade e distanciamento façam parte da dinâmica familiar ao longo da vida. No entanto, nossa casa deve ser sempre o lugar onde alguém olha para você e, com segurança, diz: "Sei que posso contar com você".

Você também, mesmo com sua posição de liderança como mãe, deve sentir que, nos braços uns dos outros, sua casa se consolida com o afeto dos filhos e do esposo. Eles crescem. Nós também crescemos. E, mesmo diante das dificuldades para as quais muitas vezes não temos respostas, cada desafio se torna um exercício para nossa percepção materna. Porque, no fim das contas, não são as estratégias copiadas de um livro que realmente funcionam, mas sim a sabedoria que nasce da vivência e do amor.

Você consegue. Dentro de você há recursos naturais desse amor, que transbordam quando você está atenta aos seus cinco sentidos.

Porque, no fundo, todas nós sabemos como preparar um pão na chapa bem quentinho, com manteiga salgada derretendo, enquanto aguardamos nosso filho abrir o coração e contar que o dia não foi fácil.

Quantos desgastes! Quantas brigas desnecessárias poderiam ser evitadas!

Uma família perfeita não é feita de perfeições, mas de vínculos, pelos quais, apesar das falhas, é possível encontrar um caminho próprio. Para aonde vão seus fracassos? Para aonde vão as derrotas de seus familiares? Deixamos escondidos atrás de uma vida que não respira? Se lá fora precisamos agir com prudência e cautela, só manteremos nossa saúde psíquica quando pudermos falar de nossos "podres" em casa, com alguém que ouve sem julgar ou acusar.

O maior sinal de intimidade verdadeira é quando filhos e esposo compartilham suas "coisas feias" sem mentiras ou adornos. Nesse momento, você alcançou a glória de um relacionamento íntimo.

Não precisamos mais brincar de esconde-esconde. O que precisamos é de um lugar seguro, onde fracassos sejam acolhidos; atitudes, repensadas e erros, transformados em aprendizado. Que sua casa seja esse lugar.

O bolo do arrependimento

Aos 42 anos, eu descobri algo surpreendente sobre minha mãe. Durante uma viagem juntas, ela me contou que, quando tinha um buffet, mal conseguia dar atenção a nós, suas filhas. Em um de nossos aniversários, ela precisou organizar outra festa e, ao voltar para casa naquela noite, viu nós duas dormindo e se deu conta de que nem mesmo um bolinho simples conseguiu fazer para celebrar conosco.

Naquele momento, ela se sentiu derrotada como mãe e foi tomada pela culpa. Com essa experiência, decidiu parar de trabalhar.

Fiquei tão surpresa com aquela revelação e lhe disse que o arrependimento a ajudou a tomar aquela decisão tão importante.

A decisão dela me transformou em uma adulta que, apesar de ser completamente apaixonada pelo meu trabalho, aprendeu a parar quando minhas três filhas nasceram e desacelerar durante a transição para a adolescência.

É com esse exemplo que podemos celebrar hoje o "bolo dos nossos arrependimentos":

- Das vezes em que priorizamos mais nossos projetos do que o cuidado com nossos amados.
- De todas as vezes em que o "eu" foi maior que o "nós"; da insensibilidade no ato de cuidar.
- De todas as vezes em que aceitamos mais carga do que o respeito pela nossa própria capacidade.
- De ceder a mentiras e valores que não nos representam.

Nosso passado não deve ser motivo de culpa, mas a corda que nos segura para fixarmos no terceiro estágio: a feminilidade contemplativa.

E sabe qual será sua recompensa? O descanso da alma: "Arrependam-se, pois, e voltem-se para Deus, para que os seus pecados sejam apagados, para que venham tempos de descanso da parte do Senhor, e ele mande o Cristo, que já foi designado a vocês, Jesus" (Atos 3.19-20). Esse prêmio não se ganha. Ele se conquista. Ele traduz o desejo de um coração ensinável.

Por fim, celebro com você esse bolo e compartilho que também já comi o meu. Celebro a Deus, que nos deu o Espírito Santo, que nos convence da mudança de rota e nos desperta para os incômodos e desconfortos, por meio dos nossos cinco sentidos, para nos guiar e mostrar quando não devemos seguir para um ou outro lado.

Para reflexão

Abaixo, decore seu próprio bolo, desenhando nele algumas velas. Cada uma representará um arrependimento, e você poderá escrever nelas um título que simbolize esse sentimento.

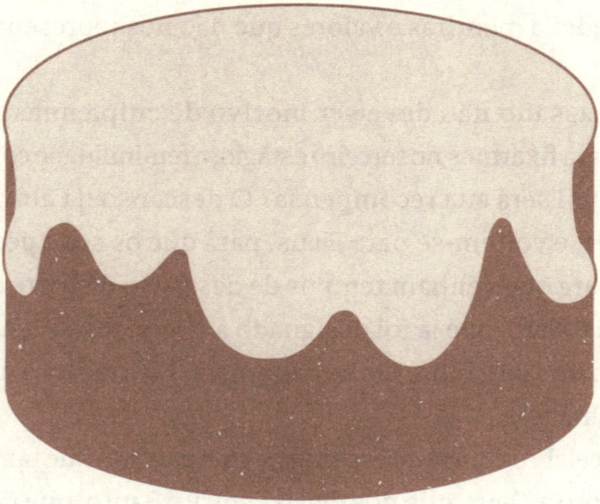

nina Feminina Femi

Feminina

na Feminina • Femi • nina

Feminina

Feminina • Feminina • Feminina Feminina •

Femi nina Feminina Feminina

Feminina Feminina Feminina

Feminina • Feminina

Feminina Feminina

na Femini

Feminina Feminina

Feminina • Femi • nina

Feminina

Feminina •

Feminina Feminina Feminina Feminina Feminina

Feminina Feminina Feminina

Feminina

emininna

Capítulo 18

Sua casa é sua cara

Há mais de 10 anos, ministrei uma palestra com o tema "Sua casa é sua cara" em um encontro do projeto social "Mulheres modernas à moda antiga", do qual sou coordenadora. Naquele momento, expus-me vulneravelmente, colocando à mostra todas as minhas falhas nessa área. Confessei que, na época, eu via a casa apenas como uma obrigação e que havia levado meses para redefinir o significado que ela tinha para mim. Compartilhei minhas vergonhas e o quanto ainda precisava melhorar. Foi um longo processo, construído entre meu esposo, minhas filhas e eu, para que eu finalmente conseguisse evoluir.

Lembro que saí da palestra de cabeça baixa, pois tinha sido a primeira vez que expus minhas fragilidades de forma tão pública.

Para a minha surpresa, aquela palestra explodiu no YouTube e, até hoje, é considerada a ministração mais visualizada de todas que já dei. Mesmo depois de mais de uma década, por onde quer que eu vá, alguém sempre me pergunta:

— Você não é aquela mulher que realizou a palestra "Sua casa é sua cara"?

Mas por que esse registro no YouTube teve tanto acesso e foi replicado em tantos outros canais? Posso assegurar, com toda sinceridade, que o "sucesso" desse vídeo não foi por minha causa — e isso não é falsa humildade.

Aquela palestra foi como um espelho fiel para milhares de mulheres que desejam ser melhores, mas sentem que nunca conseguirão mudar. Ela capturou nossas dores e dificuldades, esse desejo desesperador de ser diferente, enquanto a realidade insiste em nos cansar novamente no dia seguinte. Foi uma exposição nua e crua do sentimento de fracasso coletivo que muitas de nós enfrentamos.

Hoje, com o passar dos anos, percebo como é prazeroso cuidar do lar e como é gratificante servir com amor aqueles que amamos.

Na palestra, comentei que a forma como organizamos nossa casa reflete a maneira como lidamos com nossos problemas. Há pessoas que são práticas: quando algo sai do lugar, elas se sentam, resolvem e seguem em frente. Outras, no entanto, vão deixando objetos espalhados, louças acumuladas, tarefas adiadas — e essa mesma dinâmica se repete na forma como enfrentam — ou evitam — os conflitos da vida.

De fato, se não houver um motivo maior para cuidarmos do nosso lar, será difícil manter o foco nesta tarefa. A linha entre um "parabéns" e um "fracassei de novo" é muito tênue. Há momentos em que estamos animadas, cheias de energia, mas, em outros, temos vontade de largar tudo. Às vezes, nós nos irritamos porque os outros não cuidam da casa na mesma medida que nós e, em outras, fazemos tudo com amor, desejando que eles sintam que a sua habitação é um pedacinho do Céu, mesmo que não percebam nossos feitos.

A verdadeira recompensa está no fortalecimento dos vínculos, porque o lar é a ponte para a nossa velhice e a base da nossa história. Cuidar dele não é uma obrigação imposta por outros, mas um privilégio de alto escalão, algo que nos conecta com o que realmente importa.

Sei que é possível cuidar do lar e trabalhar fora, como é realçado em Provérbios 31, mas se a sua casa é a sua cara, ela deve refletir o seu toque, o seu cuidado e o seu perfume feminino.

De volta aos cinco sentidos

Para despertar os cinco sentidos no lar, o silêncio é o ponto de partida, já que ele cria o espaço necessário para observar e perceber o que realmente está ao nosso redor. Depois, convido você a dar atenção aos demais.

Audição – Que tipo de sons predominam no ambiente? Gritos, berros, entusiasmo, palavras de motivação e encorajamento ou o som de músicas? Reduzir os gritos aumenta a autoridade, pois o equilíbrio emocional de alguém é a base que sustenta os relacionamentos. Uma pessoa equilibrada e focada em sua casa geralmente possui uma força de persuasão mais genuína e eficaz.

Visão – Que cenários repetitivos as pessoas da sua casa veem com mais frequência? Elas testemunham relacionamentos harmoniosos, conflitos, gestos de carinho como um beijo, momentos de afastamento, ou um pouco de tudo isso?

Olfato – Qual é o cheiro que define a sua casa? De animais, de flores, de bolo ou pão recém-assado, ou o cheiro desagradável de descuido? Um aroma acolhedor pode ser a assinatura invisível do cuidado e do carinho.

Paladar – Que tipo de comida é oferecida em sua casa? Existe uma memória afetiva que sua família pode guardar das refeições que você prepara? Mesmo para quem não gosta de cozinhar, é sempre possível criar algo simples e rápido que transmita afeto.

Um aroma acolhedor pode ser a assinatura invisível do cuidado e do carinho.

Tato – Quais texturas definem a sua casa? A suavidade de uma coberta, o toque caloroso de uma mão, a maciez de uma almofada ou toalha felpuda, ou até mesmo a frieza de um aparelho de televisão?

Só o fato de parar para refletir sobre o estado de sua casa já é um mergulho significativo de percepções, livre de culpas. Esse momento de atenção pode ajudar a redefinir o conceito de casa ou aprimorá-lo ainda mais, caso já seja agradável para você.

Trate seu lar como um filhinho que precisa de cuidados: alimente-o com sua atenção, troque suas fraldas, dê a ele um banho renovador e dedique carinho.

Quem arruma a casa, organiza a vida

Em sua busca pela feminilidade, Barbara Willians já havia trilhado um bom caminho. Durante o percurso, situações inusitadas aconteciam. Certa noite, ela teve um sonho, que incluía seus filhos da vida real, mas, curiosamente, nascera uma outra bebê — uma criança fofa, linda e que só dormia. No sonho, Barbara saiu para trabalhar e a deixou aos cuidados de sua secretária do lar. Ela se sentiu tranquila com isso, pois percebeu o carinho que a secretária nutria pela menina.

A criança era muito quietinha e não dava nenhum trabalho. Porém, em um lapso de tempo, ela cresceu rapidamente e reapareceu com dois anos de idade, exageradamente gordinha. Nesse processo, algo parecia ter dado errado, pois já havia passado o tempo de ela começar a andar, mas isso ainda não havia acontecido.

No sonho, Barbara ficou incomodada e tentou entender o que tudo aquilo representava. Ao questionar sua mente, uma figura de rosto desconhecido apareceu diante dela e lhe disse:

— "Um bebê não significa a vinda de mais um filho, mas é a representação da sua própria casa".

Barbara acordou atônita e cheia de temor. Disse-me que levou alguns minutos para se recompor, mas a primeira coisa que fez em seguida foi avaliar a maneira como percebia a própria casa.

Além de nunca ter imaginado que seu lar pudesse ser metaforicamente representado por "um bebê que precisa ser cuidado", Barbara admitiu que jamais teria criatividade para fazer tal associação por conta própria. Para ela, foi um sonho emblemático e profundo.

Ao refletir sobre sua estrutura de vida, percebeu como tudo fazia sentido. Seus filhos estavam deixando a infância e entrando na adolescência, mas, como seu foco principal estava na área profissional, ela confessou que sua casa não "andava". O coração dela nunca havia realmente estado lá.

Ela concluiu que não era errado delegar os cuidados da "bebê-casa" a uma ajudante. Porém, não estava correto negligenciar o papel de governar o lar e amamentar a família no sentido emocional e físico. Esse descuido explicava por que, no sonho, a bebê não conseguia caminhar.

Quando Barbara me contou sobre o sonho, perguntei se algo significativo havia acontecido nos dias anteriores. Ela respondeu que não, mas mencionou ter lido uma frase em um livro que a fez refletir profundamente. A frase dizia: "Está vendo esse pequenino lugar? Cuide dele para mim".

Essa citação era do livro "Bela aos olhos de Deus", de Elizabeth George,[1] e parecia ter plantado a semente para o insight que Barbara recebeu em seu sonho.

Sem sombra de dúvidas, aquela citação teve uma conexão direta com o sonho de Barbara. Muitas vezes, acabamos engordando o bebê-casa com sujeira, lixos físicos e emocionais por todos os lados. Mas, independentemente do significado que o lar tenha na mente de Barbara ou na sua, a partir de hoje, você o verá de forma diferente: como mais um *filho*, que merece todo amor, carinho e atenção.

Barbara passou por uma verdadeira revolução e saiu de um processo de estagnação. Ela focou em se desfazer de tudo o que era desnecessário e, aos poucos, passou a sentir prazer em eliminar itens. Diminuía a quantidade de perfumes, desfez-se dos *1.400* potes de hidratante que ganhara de presente, liberou o espaço dos balcões que estavam sobrecarregados, e a sensação de fluidez se tornou notável, ativando seus

1. GEORGE, Elizabeth. **Bela aos olhos de Deus**. United Press. São Paulo, 2003.

cinco sentidos. Deixou para trás os traços de acumuladora e abraçou o equilíbrio.

Até a organização de seu guarda-roupa passou a ser vista como um ato de esvaziar-se, de simplificação da vida.

Conforme foi entendendo que a maneira como cuidava da casa refletia a forma como administrava seus próprios problemas, ela percebeu que sua agilidade e facilidade em se organizar também melhoraram. Isso nos ensina que, quanto mais nos conhecemos, mais fácil se torna a organização em todos os aspectos da vida.

Enquanto eu a ouvia admirada, decidi lhe fazer uma pergunta:

— Qual é a diferença entre as casas dos três porquinhos?

— O material com que é feita cada casa! — disse ela.

— Pois é, Barbara! Sua casa não é mais de palha. Sua feminilidade se fortaleceu e posso lhe afirmar que ela está ficando como uma casa de madeira.

— Como assim, de madeira? — Ela ficou contrariada.

— Você não acha que minha casa já está como a de tijolos?

— Filhos percebem quando amamos, ou não, o que fazemos. Você só saberá se sua casa se tornou uma verdadeira casa de tijolos quando seus filhos refletirem o amor que você dedicou ao cuidar dela, assim como você está aprendendo a fazer agora. Você mudou a forma de administrá-la; essa tarefa já não é mais um peso. E o ato de avanço — essa química de contato e ativação que acontece até gerar uma colisão explosiva de energia — fez com que você mesma começasse a usufruir do seu próprio empenho. Quando seus filhos virem seu envolvimento nesse papel, sua fala sendo substituída por respeito e sua voz tendo mais força, então poderá afirmar que sua casa é de tijolos.

— Eu venci! Eu venci! — disse ela. — Se eu que odiava cuidar da minha casa, consegui melhorar, então, qualquer outra pessoa deste planeta também consegue. O cansaço, a preguiça e a falta de tempo somem quando empregamos afeto — disse ela, entusiasmada.

Comemorei sua alegria como se fosse a vitória de uma filha.

Algum tempo depois, encontrei Barbara em um supermercado. Ela correu até mim, radiante, e contou que sua filha lhe dissera, espontaneamente, que gostaria de aprender a cuidar da casa com o mesmo carinho que a mãe cuidava.

Ao fim da conversa, eu lhe disse:

— Agora sim, sua casa é uma casa de tijolos.

Você percebeu até aqui a importância de uma casa que reflete o cuidado, o afeto e a atenção? Ao zelar pelo seu lar, ele jamais será como uma foto de família em que o cenário revela uma linda casa, filhos e marido bem-vestidos, mas você fora do ambiente. Ausência não combina com feminilidade.

Esforce-se, portanto, para que o cheiro, a visão, o carinho e a beleza de sua casa reflitam o cuidado que uma casa de tijolos exige.

Perguntas para reflexão

1. Se sua casa é sua cara, o que ela transmite sobre você?

2. Como você adorna sua casa? Com carinho, pressa, ou apenas por obrigação?

3. Sua casa é construída de palha, madeira ou tijolos? Justifique sua escolha.

4. Qual dos seus cinco sentidos você acredita que precisa aguçar mais para sua casa? Mesmo que você já tenha uma ideia, vale a pena conferir com os membros da sua família para ver se eles percebem o mesmo.

Capítulo 19

Atitudes atípicas

Vamos a um teste: se você fosse um animal, qual seria? Em um mundo que valoriza conquistas faraônicas, as respostas mais comuns talvez fossem os animais mais belos e imponentes, como a águia, o leão, o cavalo ou o tigre. Vivemos dias em que o sucesso é medido pela quantidade de seguidores, e as multidões são vistas como símbolos de valor, enquanto o silêncio se tornou raridade.

Reconhecer o próprio ritmo é uma forma de respeitar a nossa essência, pois é ele que nos conduz ao equilíbrio e ao bem-estar. Acelerar demais é um convite à exaustão, enquanto diminuir a intensidade das tarefas pode significar desperdício de talentos e oportunidades.

Agir de forma atípica nos dias de hoje é ir além do desejo de aplausos ou da sedução das bajulações. É ousar ser imprevisível em meio a um mundo onde tantas pessoas seguem padrões semelhantes. É começar pela estruturação interna, para então aproveitar as oportunidades que a vida oferece e, ao mesmo tempo, contribuir para edificar a vida de outros.

Falamos muito sobre mães atípicas, pais atípicos, mas raramente mencionamos *atitudes atípicas*. E sabe por quê? Porque elas são raras. Utopia? Não. Apenas algo fora do comum.

Neste quarto estágio do livro, quero propor algo especial: levar você a um novo nível de ação. Dentro das Escrituras, somos desafiadas por uma perspectiva intrigante. Em Provérbios 30.24-28, encontramos quatro pequenos animais que, apesar de sua simplicidade, são muito sábios e dignos de serem imitados: as formigas, os coelhos, os gafanhotos e as lagartixas. Vamos aprender com eles?

1. *As formigas*, apesar de serem tão pequenas e de força limitada, ensinam-nos o valor da união, do planejamento e da organização. Elas criam seu próprio mundo com dedicação e constância, armazenando alimento no verão e se preparando para o futuro, sem deixar nada para a última hora.

2. *Os coelhos* não têm nenhum poder físico significativo, mas nos mostram a importância de escolher uma estrutura sólida. Eles constroem suas casas nas rochas, usando a sabedoria para encontrar proteção e segurança, focando em bases que os sustentam em tempos difíceis.

3. *Os gafanhotos* – Eu não gosto muito deles; mas os gafanhotos revelam a força da união e da coordenação. Mesmo sem um líder, formam fileiras, avançando juntos, destruindo tudo o que encontram pela frente.

4. *As lagartixas,* inofensivas, são discretas, mas habitam nos palácios de reis, circulando entre os grandes sem buscar vantagens pessoais. Elas nos ensinam sobre humildade, presença e o poder de estar em lugares significativos de forma genuína e despretensiosa.

Esses pequenos animais nos mostram que o tamanho ou a força não define a sabedoria, mas seus hábitos, escolhas e atitudes os tornam exemplos dignos de serem seguidos.

No mundo em que a produtividade precisa acontecer de forma ininterrupta, agir como coelhos, formigas, lagartixas e gafanhotos pode não ser uma ideia extraordinária, mas é. Agir como eles é a receita que nos leva para os níveis maiores de conquistas. E então, com qual deles você sente que tem mais a aprender?

A realidade é que estamos exaustas! Cansadas do fake, cansadas do excesso da superprodução de coisas simples, cansadas dos exageros e dos anúncios de grandiosidade que não convencem mais ninguém. Queremos uma realidade sem máscaras e uma vida sem mentiras.

Nesse anseio, talvez possamos aprender com aqueles que, sem esforços grandiosos, conquistam espaços e corações apenas sendo quem são.

Você conhece alguém do tipo "lagartixa"? É o tipo de pessoa querida que, por não apresentar ameaça, desarma todos ao seu redor e os cativa com facilidade. Por ser assim, vive a vida dos sonhos. Conhece pessoas importantes, frequenta os palácios e tem amizade com os nobres.

Já uma pessoa "formiga" é aquela que soube construir sua vida financeira com paciência e dedicação. De pouquinho em pouquinho, sem pressa e com muito foco, fez seu formigueiro crescer silenciosamente. É no silêncio que, muitas vezes, erguem-se os grandes impérios. O interessante é que a discrição dessa pessoa desperta a curiosidade dos outros, e seus frutos acabam sendo reconhecidos naturalmente. Dificilmente você verá uma pessoa "formiga" tomada pelo medo, porque seu planejamento, organização e capacidade de trabalho em equipe a mantém longe de decisões impulsivas.

Alguém do tipo "coelho" lida bem com seus medos e preocupações, porque abriga-se em uma fé inconfundível e, por agir assim, é estruturado emocionalmente.

Com as pessoas "gafanhoto", a situação também é interessante: elas derrotam todo tipo de preocupação, porque é na união e na força do coletivo que encontram a chave para vencer qualquer batalha, por mais difícil que pareça.

Agora pense comigo: se coelhos, formigas e lagartixas não fazem barulho, o que isso quer nos transmitir? Muito bem! É um convite à *discrição*. Esses animais nos ensinam quão notáveis são seus comportamentos. Se os aplicarmos em nossas ações, agiremos como na química: primeiro, o contato, depois a energia de ativação e, por fim, seremos impulsionadas a agir com uma explosão de sabedoria.

Já os gafanhotos são diferentes. A união deles realmente faz barulho, e é isso que acontece quando nos unimos e agimos de forma atípica. Ao trabalhar coletivamente, com propósito e intensidade, criamos um impacto de força que não será ignorada.

Lembre-se: reagir com calma é mais eficaz do que usar força bruta. E quem melhor do que esses quatro animais para nos ensinar? A humildade deles nos permite acessar lugares que os animais grandes, com toda a sua força, não conseguiriam alcançar.

Agir atipicamente é dar espaço aos outros, sem perder o seu próprio. Isso acontece porque o mundo ainda insiste em nos fazer acreditar que precisamos ser como leões, águias, tigres ou cavalos para sermos valorizadas.

O convite à reflexão continua: o que as pessoas ao seu redor "não" esperam que você faça, que poderia ser considerada uma atitude atípica?

Que você se surpreenda com sua própria força ao lidar com seus desafios emocionais. Tenha atitudes centradas e atípicas, mas sem perder a essência do seu lugar feminino. Ao agir assim, você acessará corações que talvez jamais seriam tocados, conquistará espaços que nunca imaginou e percorrerá rotas que não são comuns a todos.

Para reflexão

Revise sua história com cuidado e escreva ludicamente seus avanços ao lado do tubo de ensaio. Ali, você pode inserir todas as atitudes atípicas que demonstrem como você tem se tornado diferente até o presente momento.

Registre as micromudanças que percebeu em si mesma: pequenos atos, decisões ou ações que refletem sua evolução. Essa tarefa é importante, para que seu cérebro fixe neural e conscientemente seus passos até aqui. A soma de pequenas transformações cria uma rede de novas estradas neurais, prontas para serem pavimentadas no cérebro com alegria e mais leveza.

Para inspirá-la, aqui estão alguns exemplos das experiências mais frequentes que recebi nos grupos de feminilidade:

- "Eu me tornei mais divertida e passei a rir com frequência."
- "Aprendi a andar mais devagar, diminuindo a pressa."
- "Melhorei na organização das tarefas de casa e comecei a cuidar das minhas unhas."
- "Passei a me maquiar regularmente e a orar para ter meus cinco sentidos despertos ao começar o dia."
- "Adotei roupas discretas e decidi não dar espaço à preguiça."
- "Ajustei o que estava exagerado ou faltando na minha vida."
- "Reduzi minha carga de trabalho, mesmo ganhando menos, para ter mais qualidade de vida."
- "Procurei ser emocionalmente mais disponível, sendo carinhosa e criativa nas atitudes."
- "Aprendi a descansar melhor."

- “Procurei evitar conversas desnecessárias em momentos especiais com minha família.”
- “Aumentei a prática de exercícios diários, mesmo que por 10 minutos.”
- “Tirei pesos emocionais desnecessários.”.

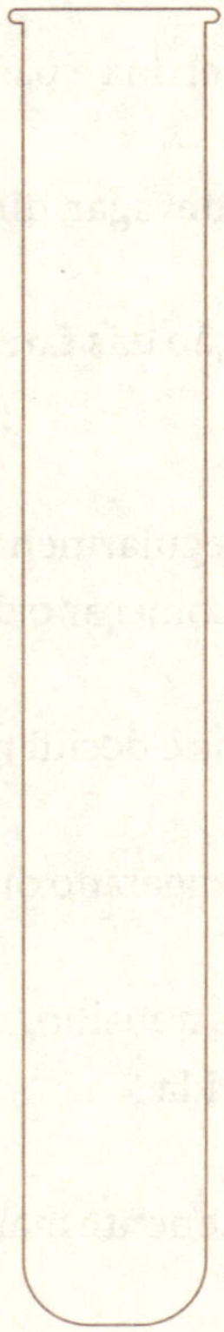

Feminina Femi

Feminina

Feminina • Femi • nina

Feminina

Feminina • Feminina • Feminina Feminina

Femi nina Feminina

Feminina Feminina Feminina

Feminina • Feminina

Feminina

Femini

Feminina Feminina

Feminina • Femi • nina

Feminina

Feminina

Feminina • Feminina Feminina Feminina Feminina Feminina

Feminina Feminina

emini na

Capítulo 20

Coroada com nobreza

Chegou a hora da coroação! É tempo de explorar ao máximo a capacidade de seu feminino transbordante, pois nada pode impedi-la de assumir sua identidade singular e bem-sucedida.

Todo ato importante merece um rito celebrativo, algo que ajude a mente a compreender o momento de forma mais clara e marcante. Os ritos de passagem têm um papel essencial, porque, mais do que palavras, são gestos concretos que simbolizam transformações e ajudam a impulsionar mudanças para um comportamento ainda mais elevado.

Eventos, como casamento, festa de 15 anos, bar-mitzvá, obtenção da carteira de motorista, formatura, batismo, nascimento e até cerimônia fúnebre representam maneiras concretas pelas quais o cérebro registra, com maior firmeza, as transições para uma nova etapa da vida.

Já está comprovado que, em famílias sem ritos de passagem, aumentam os índices de divórcio, os vínculos se enfraquecem e o compromisso com a mudança muitas vezes não se concretiza — como no caso de casais que se unem sem celebrar sua união. O mais significativo, porém, é que as pessoas deixam de avançar para uma nova fase.

Elas permanecem estacionadas em estágios onde poderiam avançar. Um exemplo que reforça esse ponto é a diferença nas celebrações entre meninas e meninos. As festas de transição das meninas, como os 15 anos, são frequentemente mais valorizadas, marcando de forma clara a passagem da fase de menina para moça. Esse rito impacta diretamente na maturidade delas, ajudando-as a internalizar essa mudança. Os meninos vivem isso aos 18, conforme tiram a carteira de motorista, mas é visível a ausência de ritos neles, devido aos sinais de nossa cultura.

Eu cresci longe da cidade dos meus quatro avós, já que morávamos em Estados diferentes. Certa vez, perguntei a mim mesma por que sentia meus avós maternos tão distantes, enquanto os paternos pareciam tão próximos. Minhas impressões emocionais eram curiosas: era como se meus avós paternos fossem meus vizinhos, enquanto os maternos pareciam morar do outro lado do mundo.

A resposta era simples: em todas as férias, quando visitávamos meus avós paternos, meu avô ritualizava nossa chegada, sempre me presenteando com o mesmo doce, chamado *mandolate* — uma tradição gaúcha. Já minha avó italiana transformava nossa visita em uma verdadeira celebração, preparando gemada, macarrão caseiro, sopa de *agnoline,* enchendo a casa de alegria ao nos receber. O vínculo com meus avós paternos era sentido com calor e alegria, mesmo que nos víssemos apenas uma vez ao ano, nos natais.

A família de origem da minha mãe, dedicada ao comércio na cidade, tinha uma dinâmica diferente. As festas raramente eram celebradas e, quando aconteciam, pareciam mais uma obrigação do que um momento de prazer, devido ao cansaço acumulado pelo trabalho do dia.

No caso deste livro, você já percorreu um longo caminho; leu atentamente todas as etapas anteriores e caminhou muitas milhas até chegar aqui de mãos dadas com Barbara Willians e suas experiências de autodescoberta, que também são as nossas, afinal todas temos um pouco dela dentro de nós. Contudo, encerrar esta leitura sem um rito de passagem para a feminilidade seria desperdiçar uma grande oportunidade de consolidar sua evolução em um novo nível de ação.

Objeto que define seu feminino

Quando Barbara avançou significativamente em seu processo de retorno à feminilidade, propus que escolhesse um objeto que representasse sua nova fase e a ajudasse a se conectar com ela.

Com atenção e intenção, selecionou um artigo de decoração que representava borboletas em voo. Essa peça revelava a liberdade e o renascimento que ela vivenciava, especialmente em sua caminhada ao lado do marido e filhos. Também comprou uma bandeja para organizar seus itens de beleza no banheiro, simplesmente porque era decorada com borboletas.

A cada olhar dado a esses itens, Barbara não apenas revivia lembranças de sua jornada, mas também encontrava inspiração para continuar avançando.

Esse processo de autodescoberta e crescimento pessoal faz-me refletir sobre a trajetória de cada pessoa que passa por mim. A parte delicada é que, quando melhoram, vão embora. Mesmo sabendo que isso é algo positivo, essas vidas preciosas sempre deixam um pouco de si conosco e levam consigo um pouco de nós. Ao percebermos seus avanços em um nível profundo, concluímos que não precisam mais de acompanhamento, então agendamos nosso derradeiro encontro.

Foi assim com Barbara. Em nosso último encontro, ela relatou que recebera um convite para fazer parte do conselho de uma empresa americana na qual teria uma série de benefícios, e sua adesão lhe renderia viagens a muitos países. Antes mesmo de eu perguntar, ela me informou sua decisão:

— Por certo, agradeci o convite e rejeitei a proposta.

Questionei a razão de sua posição, e ela me disse:

— Eu não abriria mão do que vivo hoje. Quero apenas desfrutar da vida ao lado do meu marido e filhos. Fiquei tanto tempo cumprindo somente tarefas com um lado executor masculinizado, que agora aprendi a ressignificar muitas posturas, entre elas ser mais divertida, criativa e sonhadora. Passei a usar o poder do silêncio a meu favor, tenho gostado da sensação de recitar versículos bíblicos enquanto me maquio, para que Deus abra meus olhos, ouvidos, boca e sentidos, a fim de que eu seja uma voz de cura ao meu redor.

E continuou animada:

— Após meu banho de dores, semelhante ao de Ester, equilibrei minha força com doçura, aceitei as mudanças do meu corpo e aprendi a valorizar a beleza natural do meu cabelo, do meu corpo e das minhas curvas, libertando-me de tudo o que me prendia. Eu estou perseguindo a paz e, por isso, jamais deixarei de enxergar um dia de 24 horas como um espaço para delícias e prazeres — e não só de obrigações. Isso tem ampliado minhas percepções. Além de tudo, você acha mesmo que eu aceitaria um convite desses, depois de ter compreendido a força que há na relação com minhas irmãs que me ensinaram tanto, e que hoje me fizeram entender que preciso ser mais livre e mais leve? Não! Eu só quero desfrutar da minha porção e sentir o Espírito Santo guiando minhas ações.

Com essa fala e os olhos brilhando, tudo o que nos restava era um abraço apertado, longamente sentido através de um silêncio carregado de significados, que trazia à memória o rastro do caminho até ali, do qual aquelas paredes eram testemunhas. Com uma frase minha, encerrei nossos encontros:

— Você será reconhecida por suas recusas!

Que sensação de leveza! Que sensação de liberdade! Que mulher ela havia se tornado! Que feminilidade!

Seja coroada com nobreza

Hoje, assim como ela, você também será coroada com a nobreza. O fim é melhor que o começo! E agora é a sua vez: escolha um objeto que toque seu coração e, ao vê-lo, lembre-se, especialmente nos dias mais corridos, de nunca esquecer seu lugar, seu território e suas escolhas. Se for pequeno, pode carregá-lo na bolsa para que, nas horas improváveis, ele a conecte com seu feminino e com quem você realmente é.

Não escolha com pressa, mas com intenção. O objeto pode representar diferentes aspectos da sua vida, como um batom, um sapato, uma roupa, um livro novo, uma peça decorativa, uma coberta — simbolizando a maternidade —, um lençol, uma lingerie especial ou até um suvenir de viagem. Esse ato deve ser profundamente sentido como um marco neural em suas ações.

É necessário respeitar sua história e aceitar sua jornada de vida até aqui, porque torna esse rito ainda mais particular. Afinal de contas, cada uma de nós tem uma realidade única.

Acredite! Deus está iniciando um ciclo de transformações que ajustará uma engrenagem mundial para aquelas que desejam refletir a essência divina. Ele não exige que sejamos boas cozinheiras ou excelentes cuidadoras, mas deseja que compreendamos o verdadeiro significado de ser simplesmente feminina, que é desfrutar de uma leveza que pertence a nós desde que fomos criadas.

Todas são convidadas: jovens, moças e mulheres adultas, viúvas, casadas e solteiras, donas de casa ou profissionais que trabalham fora, amadas ou rejeitadas, populares ou discretas. Nós podemos vir de culturas distantes, lares e histórias destoantes, religiões e opiniões diferentes, mas temos algo lindo em comum que nos aproxima: somos mulheres.

Juntas, seremos um borboletário de mulheres, libertas de suas mochilas de pesos desnecessários e unidas em propósito, provocando um terremoto de força silenciosa. Seremos intencionais em viver o que fomos designadas a ser, influenciando o mundo com a vida que só o feminino pode oferecer. E quando você vir uma borboleta amarela passeando por aí, lembre-se de que é uma de nós, em seu feminino, que já aprendeu o que significa voar.

Feminina

Epílogo

Esta jornada não termina aqui. Cada capítulo, cada reflexão e cada mudança plantada em sua vida é apenas o início de algo maior. Você está criando conexões, novas perspectivas e, mais importante, um novo caminho para si mesma e para outras ao seu redor.

Portanto, continue. Convide outras mulheres a embarcar nesta jornada. Forme seu próprio grupo para estudar este livro e compartilhe-o com jovens da nova geração ou pessoas especiais a você. Juntas, podemos iniciar um movimento que inspire e represente mulheres em todos os lares, lugares e culturas. Reúna amigas, irmãs, colegas ou vizinhas para explorar cada capítulo.

Com encontros quinzenais, discuta e aplique as lições, criando um espaço seguro e acolhedor. Para um aproveitamento melhor, sugerimos:

- Realizar 12 encontros, cobrindo 2 capítulos por vez.
- Limitar os grupos a 10-12 pessoas para garantir profundidade nas discussões.
- Reservar duas horas para cada reunião.
- Não recomendamos familiares nos mesmos grupos, para que haja mais entrega sobre os temas abordados.

Lembre-se de incentivar as participantes a possuírem seu próprio exemplar, mesmo dentro da família; assim todas poderão personalizar seus exemplares com anotações, desenhos, etc. E, ao organizar este programa, não se esqueça de nos marcar nas redes sociais para que possamos compartilhar seu movimento.

Estamos juntas nesta missão, construindo um futuro de honra!

CERTIFICADO DE CONCLUSÃO

Feminina

TUDO PODE
SER LEVE

Conferimos à

____

este certificado pela conclusão do programa, em reconhecimento à sua dedicação, esforço e participação ativa nas discussões e práticas realizadas ao longo dos encontros. Por meio desta jornada, você contribuiu para resgatar valores, aprofundar reflexões e promover mudanças que impactam positivamente o universo feminino, com inspiração e propósito.

Local: __________________________

Data: ___________________________

____

Assinatura

Esta obra foi composta em *Bennet Text Three*
e impressa por Gráfica Leograf sobre papel
Polen Bold 70 g/m² para Editora Vida.